AF384957

CATALOGUE

DES LIVRES

TRÈS-BIEN CONDITIONNÉS

DU CABINET DE M. ***, *le Mis de Chateaugiron. Livres doubles.*

*Dont la Vente se fera le mercredi 26 Avril 1820,
et jours suivans, à six heures très-précises de
relevée, en l'une des Salles de l'Hôtel de Bullion,
rue J. J. Rousseau, n° 3.*

Se distribue **A PARIS,**

Chez MM.
{
DE BURE frères, Libraires du Roi, et de la Bibliothéque du Roi, rue Serpente, n° 7 ;
MÉRAULT, Commissaire-priseur, rue de l'Éperon n° 8.
}

1820.

ORDRE DES VACATIONS.

On pourra voir les Livres tous les jours, depuis une heure jusqu'à trois.

Tous les livres seront vendus pour complets. On pourra les collationner pendant les deux heures d'exposition ; mais une fois sortis de la salle de Vente, on ne les reprendra sous aucun prétexte.

Les articles rares et précieux, etc. qui se trouveroient dans les 25 premiers numéros de la vacation seront vendus à la fin.

Les Livres seront exposés dans l'ordre qui suit :

Première vacation, le mercredi 26 avril 1820.

Les nos 1 à 80.

Deuxième vacation, le jeudi 27.

Les nos 81 à 160.

Troisième vacation, le vendredi 28.

Les nos 241 à 320.

Quatrième vacation, le samedi 29.

Les nos 194 à 240.

161 à 193.

Les Cuivres des Fables de La Fontaine.

LIVRES NOUVEAUX,

Chez DE BURE Frères, Libraires du Roi et de la Bibliothèque du Roi, rue Serpente, n° 7.

Nouveau Testament, en turc, publié par M. Kieffer. *Paris, Imprimerie Royale*, 1819, *in-8°. rel. en veau*..... 15 fr.

Testament de Louis XVI, roi de France et de Navarre, avec une traduction arabe, par M. le Baron Silvestre de Sacy. *Paris, de l'Imprimerie Royale*, 1820, *petit in-8° br.* 2 fr. 50
Le même. *Papier Vélin, br*........................ 5 fr.

Iliadis fragmenta antiquissima, cum Picturis. Item scholia veteres ad Odysseam. (Didymi Alexandrini marmorum et liquorum mensuræ.) Edente Angelo Maio, Ambrosiani collegii doctore. *Mediolani, Regiis Typis,* 1819, *grand in-fol. br.* avec cinquante-huit planches gravées au trait et imprimées sur le texte.   110 fr.

Pend-Namèh, ou le Livre des Conseils de Férid-Eddin Attar, en persan et en françois, traduit et publié par M. le baron Silvestre de Sacy. *Paris, de l'Impr. Royale*, 1819, *in-8. br.* .... 20 fr.
— Le même, *en Papier Vélin*.................... 30 fr.

Ce Livre est imprimé avec beaucoup de soin. Les sommaires des chapitres sont imprimés en rouge, et tout le texte persan est orné d'un cadre rouge.

Il n'en a été imprimé que 300 exemplaires, dont 250 sur papier fin, et 50 sur papier vélin.

Nicetæ Eugeniani Narrationes amatoriæ, et Constantini Manassis Fragmenta, gr. et lat. edidit, vertit atque notis instruxit Jo. Fr. Boissonade. *Parisiis,* 1819, 2 *vol. in-12. br...* 15 fr.

Leonis Diaconi Caloensis Historia, scriptoresque alii ad res Byzantinas pertinentes, gr. et lat. e Bibliotheca regia nunc primum in lucem edidit, versione latina et notis illustravit C. B. Hase. *Parisiis, e Typogr. Regia,* 1819, 1 *vol. grand in-fol. br.*............................... 40 fr.

Ce volume, imprimé de même format que ceux de la grande et belle collection connue sous le nom de *Byzantine*, en est une suite nécessaire.

Deux Lettres à mylord comte d'Aberdeen, sur l'authenticité
des Inscriptions de Fourmont; par M. Raoul Rochette, de
l'Académie des Inscriptions et Belles-Lettres, conservateur
du Cabinet des Médailles dé la Bibliothéque du Roi, etc.
Paris, de l'Impr. Roy. 1819, *in-4. br. avec 4 planch.* 6 fr.

Recueil de Dissertations sur différens sujets d'Antiquité, par
M. Quatremère de Quincy. *Paris, de l'Impr. Roy.* 1819,
1 *vol. gr. in-4. Pap. Fort, avec 7 planches, dont 2 coloriées,
br.*... 36 fr.

Les six Dissertations qui forment ce volume sont extraites des nouveaux Mémoires de l'Académie des Inscriptions; il n'en a été imprimé de
ce format que 5o exemplaires, pour lesquels on a colorié avec soin
2 grandes planches.

---

*On trouve chez les mémes Libraires les ouvrages
suivans de M. Quatremère de Quincy.*

Le Jupiter Olympien, ou l'Art de la Sculpture antique en or
et en ivoire. *Paris,* 1815, *gr. in-fol. fig. color. cart.* 200 fr.

Lettres sur le Projet d'enlever les Monumens de l'Italie, nouvelle édition. *Rome,* 1815, *gr. in-8. br.* = Considérations
morales sur la destination des Ouvrages de l'art. *Paris,*
1815, *gr. in-8. br.*......................... 4 fr. 5o c.

— Le dernier ouvrage séparément................... 2 fr.

Lettres écrites de Londres à Rome, et adressées à M. Canova;
sur les marbres d'Elgin, ou les Sculptures du Temple de
Minerve à Athènes. *Rome,* 1818, *gr. in-8. br. Pap. Vél.* 7 fr.

— Le même. *Papier ordinaire*...................... 5 fr.

Il n'a été tiré de ce dernier ouvrage qu'un très-petit nombre d'exemplaires.

Montant des vacations.		achté
1re vacat - - - - - 737.70		1re vacation - - - - 293.15
2e - - - - - 738.20		2e - - - - - 229
1475.90		522..15
- - - - 775.50.		3e - - - - 230.30
2251.40		752.45
- - - 1564.55		4e - - - - 194.35
3815.95		946.80
... les n° 78 et moins 27.90		
3843..85		

Servoine
chimot.

p.

m^lle charpentier

chimot.

m^lle charpentier

chimot.

10. Lien.

p-

chimot.

CATALOGUE
DES LIVRES
DE M. ***.

1 La Sainte Bible, traduite sur les textes originaux, (par Le Gros.) *Cologne*, 1739, *in-12. v. gauffré.*

2. Novum Testamentum, græce. *Lutetiæ, Rob. Stephanus*, 1569, *2 vol. pet. in-12. m. v.*

3. Le nouveau Testament, en françois. *Paris*, 1696, *8 vol. in-8. v. b.*

4. Les Imaginaires et les Visionnaires, par le sieur Damvilliers, (Nicole.) *Liège*, (*Leyde, Elzev.*) 1667, *2 vol. in-12. v. f.*

5. Les mêmes. *2 vol. in-12. v. b.* ‒ ‒ ‒ ‒ ‒ ‒ ‒

6. L'Alcoran de Mahomet, trad. par Du Ryer. *La Haye*, 1685, *in-12. v. gauffré, dent.*

7. Justiniani Institutiones. *Antuerpiæ*, 1676, *in-16. br.*

8. Paradoxes, ce sont propos contre la commune opinion débatus en forme de déclamations, par Ch. Estienne. *Paris*, 1554, *in-16. v. f.*

9. OEuvres philosophiques de F. Hemsterhuis. *Paris*, 1792, *2 vol. in-8. br.*

10. La Logique (de Port-Royal.) *Amsterdam*, 1675, *in-12. m. v. dent.*

11. Morale de Mahomet, par Savary. *Paris*, 1784, *in-18. m. r. Pap. Vél.*

12. L'École de l'Homme, ou parallèle des portraits

du siècle, etc. *Londres*, 1762, 3 *vol. pet. in-8. m. r. avec la clef.*

13. Essais sur la Nécessité et sur les moyens de plaire, par Moncrif. *Paris*, 1738, *in-12. v. f.*

14. Œconomiques, (par Dupin, fermier-général.) 1745, 3 *vol. in-4. v. m.*

Ouvrage très Rare, qu'on dit n'avoir été tiré qu'à quinze exemplaires.

15. An Essay on the principle of population, by Malthus. *London*, 1806, 2 *vol. in-8. br.*

16. Tableau du Commerce de la Grèce, par Félix Beaujour. *Paris, an VIII*, 2 *vol. in-8. br.*

17. Dénonciation d'Agiotage, et trois autres pièces sur les finances, par De Mirabeau. 1785 — 1787, *in-8. v. gr.*

18. De la recherche de la Vérité, (par Malebranche.) *Paris*, 1678, *in-4. v. b.*

19. Esquisse d'un tableau historique des progrès de l'Esprit humain, par Condorcet. *Paris, an III, in-8. v. f. dent. Pap. Vél.*

20. Études de la Nature, par Bernardin de Saint-Pierre. *Paris*, 1791, 5 *vol. in-12. m. vert.*

21. Harmonies de la nature, par le même. *Paris*, 1815, 3 *vol. in-8. br. Pap. Vél.*

22. Ed. Luidii Lithophylacii Britannici Ichnographia. *Londini*, 1699, *in-8. m. bl. dent.*
Ce livre n'a été tiré qu'à 120 exemplaires.

23. Discours sur la Vie de la campagne, par M. A. de La Borde. *Paris*, 1808, *in-8. v. j.*

24. De la Gloire de l'Aigle, par Chazot. *Paris*, 1809, *in-8. br.*

25. Métamorphoses naturelles, ou Histoire des insectes, par Jean Goedart. *La Haye*, 1700, 3 *vol. in-8. fig. color. m. citr.*

26. Palæphati de Incredibilibus liber, gr. et lat. cum notis C. Tollii. *Amstelod. Lud. Elzevir.* 1649, *in-12. vél.*

p.

1h 60+   14. C.

gaillict.

p.

p.

chimot.

                                      20. of.
                                      21. of.

Barrois l'ainé.

De Soleinne

31. gu.

36. part. C.

chinot.

chinot.

n'huzard.

chamonian

martine

p.

p.

p.

Simonnet.

Simonnet.

gaileiot.

p

27. Morbi gallici curandi Ratio. *Lugd.* 1536, 2 -
in-8. *v. b.*

Recueil Rare de pièces sur la maladie vénérienne.

28. Essai sur les propriétés médicinales de l'Oxi-
gène. *Paris, an VII, in-8. v. f.* 4 -

29. Manuel des Amphitrions, (par Grimod de La
Reynière.) *Paris*, 1808, *in-8. v. j. fig.*

30. De Incorruptione cadaverum. *Avenione*, 1665, 3 .. 45 .
in-8. *m. puce, dent.*

31. Sev. Pinæus de Virginitatis notis, graviditate 10 -- 50 ℨ
et partu. *Lugd. Batav. (Elzev.)* 1641, *in-12.*
fig. vél.

32. Traité des Eunuques, par M. D. (Ancillon.) 1 -- 65 .
1707, *in-12. v. f.*

33. Le même. *in-12. v. b.* _ _ _ _ _ _ _ _.— 1 .

34. Abrégé d'Astronomie de La Lande. *Paris, an III,* 5 .
in-8. dos de m. v.

35. Entretiens sur la pluralité des Mondes, par 6 .
Fontenelle. *Dijon, P. Causse, an 11, in-8. m.*
vert, doubl. de tabis. Pap. Vél.

36. Censorinus de Die natali, cum notis Linden- 7 -- 50 . ℨ
brogii. *Lugd. Batav.* 1642, *in-8. v.f.*
Exemplaire de De Thou.

37. Proposition d'une mesure de la Terre, par 1 -- 25 .
d'Anville. *Paris*, 1735, *in-12. v. avec une carte.*

38. Manuel typographique, par Fournier. *Paris,* 10 - 95 .
1764, 2 *vol. in-8. fig. v. m.*

39. La danse des Morts, dessinée et gravée d'après
M. Mérian, en allemand et en françois. *Basle,*
1744, *in-4. v. f.*

40. Campagne du général Bonaparte en Italie, pen- 5 - 50 .
dant les années IV et V, par un officier-général,
(Pommereuil.) *Paris*, 1797, *in-8. v. f.*

41. État militaire de la République Françoise dans 3 .. 20 .
les années XI et XII. *Paris*, 2 *vol. in-12. v. gr.*

42. Bulletins de la grande armée, en 1810 et 1811, 5 -- 95 .
en turc et arabe. 3 *vol. in-4. br.*

43. Cours analytique de Littérature, par L. N. Le
Mercier. *Paris*, 1817, 4 *vol. in-8. br.*

44. De la Littérature considérée dans ses rapports
avec les institutions sociales, par madame de
Staël-Holstein. *Paris, an IX, 2 vol. in-8. v. gr.*

45. Traicté de la conformité du language françois
avec le grec, par Henri Estienne. *Paris, in-8.
m. r.*

46. Le Guidon de la langue italienne de N. Duëz.
Leyde, les Elzeviers, 1650, in-8. vél.

47. Conciones et Orationes ex Historicis latinis
excerptæ. *Amstelod. D. Elzevir. 1672, in-12. v. b.*

Bel exemplaire dont plusieurs feuilles ne sont pas coupées.

48. D. Heinsii de Tragœdiæ constructione liber.
Lugd. Bat. ex offic. Elzev. 1643, in-12. vél.

49. Homeri Opera, gr. ex recensione F. A. Wolfii.
Lipsiæ, 1804, 4 vol. in-8. br. Pap. Fin.

On a joint à cet exemplaire les figures au trait d'après
Flaxman.

50. L'Iliade, traduction nouvelle, (par M. Le Brun.)
Paris, 1776, 3 vol. in-8. fig. v. f. dent.

51. Anacreontis Carmina cum Sapphonis et Alcrei
fragmentis, gr. et lat. *Glasguæ, 1801, in-12.
m. r. Gr. Pap. R. A.*

52. Theocriti Reliquiæ, gr. et lat. ex recensione
T. C. Harles. *Lipsiæ, 1780, in-8. br. Pap. Fin.*

53. Théâtre d'Eschyle, traduit par La Porte du
Theil. *Paris, an XIII, 2 vol. in-8. fig. br. Pap.
Vél.*

54. Sophoclis Tragœdiæ, græce. *Venetiis, in Aldi
Academia, 1502, in-8. v. b.*

Première édition. Bel exemplaire.

55. Recueil de diverses pièces choisies d'Horace,
d'Ovide, etc. par le président Nicole. *Jouxte la
copie, (Elzevier,) in-12. vél.*

56. Lucrèce, trad. nouv. avec des notes, par La-

p·

p·
Mlle charpentier
de soleinne

43. frob. ai†

47 - rien.

19 40†

p·

potey

close. repris a Me Clerc.

S^r. Mpyabi.

SS. gu.

giraud.

m^lle charpentier

gailliot.

idem

chinot.

m^lle charpentier

p.

Servoin

p.

Cavette.

p.

galliot.

66. am^t

67. Bapti.

tm rogné.

72. gu. *   72. mh. +

de solcinne

m^lle charpentier

(5)

grange. *Paris*, 1768, 2 *vol. in*-8. *fig. cart. non rogné.*

C   57. Catullus. Tibullus. Propertius. *Parisiis, S. Co-*   2.
linæus, 1529, *in*-8. *m. cit.*

C   58. Iidem cum notis J. Scaligeri. *Lutetiæ, M. Pa-*   6..5.
tissonius, 1577, *in*-8. *m. bl. dent.*

A   59. P. Virgilii Maronis Opera. *Lugd. Bat.* 1684,   5.
in-16. *br.*

C   60. Pub. Virgilii Opera, (ed. fratribus Vulpiis.)   3..30.
Patavii, Jos. Cominus, 1738, *in*-8. *br.*

D   61. Ovidii Opera omnia, cum notis var. studio   26.95.
B. Cnippingii. *Lugd. Bat.* 1670, 3 *vol. in*-8. *fig.*
v. b.

D   62. P. Ovidii Nas. Opera. *Amstel.* 1750, 3 *vol. in*-16.   8.
bas.

D   63. L'Epistole d'Ovidio volgarizzate, da G. Pompei.   2..5.
Bassano, 1785, *in*-8. *br.*

L S   64. Les Œuvres de Plàute, en lat. et en fr. trad.   23.
par de Limiers. *Amst.* 1719, 10 *vol. in*-12. *fig. v. b.*

C   65. Terentii Comœdiæ. *Basileæ*, 1797, *in*-4. *br. Pap.*   2..5.
Vél.

L S   66. Les Comédies de Térence, trad. en fr. avec le   25..5.
texte en regard, par Le Monnier. *Paris*, 1771,
3 *vol. in*-8. *fig. v. f.*

C   67. Amœnitates poeticæ. *Parisiis, Barbou*, 1779,   6..5.
in-12. *v. j.*

D   68. D. Baudii Amores, edente P. Scriverio. *Amste-*   10.
lod. L. Elzevir. 1638, *in*-12. *m. r.*

D   69. Fr. Dedekindi Ludus satyricus de morum sim-
plicitate vulgo dictus Grobianus. *Lugd. Bat.*   8..5.
1631, *pet. in*-12. *vél.*

C   70. Jani Pannonii Poemata. *Trajecti ad Rhenum*,
1784, 2 *vol. in*-8. *vél. Ch. Magna.*

A.   71. Buchanani Poemata. *Lugd. Bat. Elzev.* 1628   12..5.
in-16. *m. r. Pap. Fort.*

D   72. J. Owenii Epigrammata. *Amst. Elzevir.* 1679   16.
in-12. *dem. rel. dos de m. r. non rogné.*

73. Merlini Cocaii Poemata. *Venetiis*, 1561, *in-*12. *m. r.*

74. La danse aux Aveugles, et autres poésies du xvᵉ siècle. *Lille*, 1748, *in-*12. *m. r.*

75. Poésies satyriques du xviiiᵉ siècle. *Londres*, 1782, 2 *vol. in-*16. *v. m.*

76. Poésies du Roi de Navarre (publiées par Levesque de La Ravallière.) *Paris*, 1742, 2 *vol. in-*12. *v. b.*

77. Le Roman de la Rose, avec un Glossaire. *Paris*, 1735. = Supplément au Glossaire du Roman de la Rose (par Lantin de Damerey.) *Dijon*, 1737, 4 *vol. in-*12. *v. f.*

78. Le Roman de la Rose. *Paris, Fournier, an VII*, 5 *vol. gr. in-*8. *fig. m. v.*

79. Poésies de Charles d'Orléans. *Grenoble*, 1803, *in-*12. *v. gr.*

80. Les Œuvres de maistre Alain Chartier. *Paris, Galliot Dupré*, 1529, *in-*8. *m. bl. dent. doublé de moire, dent.*

81. Œuvres de Cl. Marot. *La Haye*, 1700, 2 *vol. in-*12. *v. b.*

82. Les mêmes. *Le tome 1ᵉʳ in-*12. *v. b.*

83. Six chants des Vertus, ouvrage français du sieur De Trelon. *Paris*, 1587, *in-*12. *vél.*

84. Le Miroir de l'Eternité, comprenant les sept âges du monde, les quatre monarchies, etc... composé par Robert Le Rocquez de Carenten en Normandie. *Caen*, 1589, *pet. in-*8. *v. b.* Ce poëme est très-Rare.

85. Les Satyres et autres Œuvres de Regnier. *Leiden, J. et D. Elsevier*, 1652, *in-*12. *m. bl. dent. tab.*

86. Les Œuvres de Maynard. *Paris*, 1646, *in-*4. *fig. bas.*

87. L'Espadon satyrique, par le sieur d'Esternod. *Cologne*, 1680, *in-*12. *v. b.*

chimot.

ladrille.

p.

p.

chimot.

p.

m^lle charpentier

la même

pluquet.

chadin

de ldainne

84. mi^t   84. C.

m^lle charpentier

p.

m^lle charpentier

87. mh^t   86. m. mou. 7e - 25 c

p.

p.

Mlle charpentier

p.

fayolle
motelet.

p.

de Soleinne

p.

fayolle

88. OEuvres diverses de P. Corneille. *Paris*, 1738, *in-12. m. r. à compartiments.*

89. Poésies de Saint-Pavin et de Charleval. *Amsterdam*, 1759, *in-12. v. b.*

90. Les trois Fanatiques, Poëme, par Le Mercier. *Paris, P. Didot l'aîné, an IX, in-12. m. r. dent. doub. de moire.*

91. Description de la ville d'Amsterdam en vers burlesques, par P. Lejolle. *Amsterdam (Élzevier,)* 1666, *in-12. cuir de Russie.*

92. Fables de La Fontaine. *Paris, stéréot. de Didot, an VII,* 2 *vol in-12. v. j. Pap. Vél.* == Contes et Nouvelles en vers, par le même. *Paris, stéréot. de Didot, an VIII,* 2 *vol. in-12. v. j. Pap. Vél.*

93. OEuvres d'Ét. Pavillon. *Amsterd.* 1750, 2 *vol. in-12. bas.*

94. OEuvres diverses de Grécourt. *Londres,* 8 *tom.* en 4 *vol. in-12. v. m.*

95. OEuvres complètes de Bernard. *Paris, an XI,* 2 *tom. en* 1 *vol. in-8. v. f. dent.*

96. Les Sens, poëme. == Lettres de Dulis à son ami, 1768. == Zélis au Bain, poëme, par Dorat. == Les Cerises, poëme, 1769. == Lettre de Sapho à Phaon. 1766, *in-8. m. orange.*

97. OEuvres de Gilbert. *Paris, an X,* 2 *vol. in-18. br.*

98. L'Occasion et le Moment, par un amateur sans prétention (Mérard de Saint-Just.) (*Paris, Didot l'aîné,*) 1782, *in-18. v. j. Pap. Fin.*

99. Les jeux de Mains, poëme, par de Rulhière; avec le supplément. *Paris,* 1808, *in-8. br.*

100. Le même ouvrage. *in-8. m. orange. Pap. Vél.*

101. OEuvres de Léonard, publiées par Campenon. *Paris, Didot jeune,* 1798, 3 *vol. in-8. v. f.*

102. Les trois règnes de la Nature, par Jacques Delille. *Paris,* 1808, 2 *vol. in-18. v. f.*

103. Les Plantes, poëme, par Castel. *Paris,* 1802, *in-12. fig. dem. rel.*

104. Dictionnaire portatif des Théâtres, par Levis. *Paris*, 1763, *in-8. v. gauffr'.*

105. OEuvres de Molière, avec les remarques de Bret. *Paris*, 1773, 6 *vol. in-8. fig. v. éc.*

106. OEuvres de Molière. *Paris, stéréot. de Didot,* 1799, 8 *vol. in-12. v. j.*

107. Théâtre de P. Corneille, avec le Commentaire de Voltaire. *Genève,* 1774, 8 *vol. in-4. fig.* dem. rel.

108. Chefs-d'œuvre de P. et de Th. Corneille. *Paris, stéréot. de Didot, an VIII,* 4 *vol. in-12. v. j. Pap. Vél.*

109. OEuvres de Regnard. *Paris, stéréot. de Didot,* 1801, 5 *vol. in-12. v. j.*

110. OEuvres d'Autreau. *Paris,* 1747, 4 *vol. in-12. v. gauffr'.*

111. OEuvres complètes de Crébillon. *Paris,* 1785, 3 *vol. in-8. v. gr. dent. Pap. Fin, fig. de Marillier avant la lettre.*

112. OEuvres de Crébillon. *Paris, stéréot. de Didot,* 1802, 3 *vol. in-18. v. j.*

113. OEuvres de Crébillon. *Paris, Didot l'aîné,* 1812, 3 *vol. in-8. fig. cuir de Russie.*

114. Cornélie Vestale, tragédie, (par Fuzelier et le président Hénault.) *Strawberry-Hill,* 1768, *in-8. v. j. Rare.*

115. Théâtre des Boulevards. 1766, 3 *vol. in-12. v. m.*

116. Il Libro del perche, la Pastorella nobile di Marino, etc. (*Parigi, Prault,*) *in-12. m. r.*

117. La Divina Commedia, di Dante. *Parma, Bodoni,* 1795, 3 *vol. in-fol. cart.*

118. Il Petrarca, con nuove spositioni. *In Venetia,* 1586, *in-12. vél. vert. un feuillet refait à la main.*
Exemplaire avec les armes et la signature de De Thou.

119. Stanze di Pietro Bembo. (*Parma, Bodoni,*) *in-8. br.*

p.

g. Warée   105. pz+

m^lle charpentier   106. an+

                        107. pz+

m^lle charpentier   108. x+

la meme

galliot.

m^lle charpentier

                        113. les crus.

                        114. Crus.

p.

p.

p.

trois pages et demi refaites
à la plume.   118. C.

fayolle

p.

motelet.

fayolle

de soleinne

124. Crus.

antoine

de soleinne

chimot.

trois rogné.

pierre

p.

letitre lavé au blanc.

134. fourn. aet. 50 s. trois rogné letitre dorré un
un feuillet rogné a la lettre.

fayolle

120. Dubbii amorosi, di Pietro Aretino. *Nella Stamperia del Forno, in-18. m. r. Pap. de Hollande.* 4.

121. La Vedova, commedia facetissima, di Nic. Buonaparte, cittadino fiorentino. *Parigi, Molini, 1803, in-8. v. f. dent. Pap. Vél.* 2..15.

122. Aminta, di T. Tasso. *Glasgua, Foulis, 1753, in-12. v. f. fig. de S. Le Clerc.* 1..60.

123. Amori, Poesie anacreontiche, del conte Ludovico Savioli. *Parigi, 1795, in-12. v. f. Pap. Vél.* 3..5.

124. Novelle galanti in ottava rima, dell' Ab. (Abbate Casti.) *Parigi, 1793, in-12. tiré de format in-8. m. bl. dent.* 8.

125. Le Api panacridi in Alvisopoli, di Vincenzo Monti. *Alvisopoli, 1811, in-4. m. orange, Pap. Vél.* 3...♃

126. OEuvres de Salomon Gessner, (trad. par Huber.) *Paris, A. A. Renouard, 1799, 4 vol. in-8. fig. m. r. dent. Pap. Vél.* 60..♃

127. Théâtre de Schiller, trad. de l'allemand, par La Martelière. *Paris, 1799, 2 vol. in-8. v. gr.* 13..5. ♃

128. Poétique Anglaise, par M. Hennet. *Paris, 1806, 3 vol. in-8. dem. rel. dos de m. r.* 8..60.

129. Poésies Françaises d'un prince étranger, (Beloselsky.) *Paris, Didot l'aîné, 1789, in-8. v. f.* 3.

130. Nugæ venales. *Anno 1648, in-12. vél.* _ _ _ 1.

131. Les OEuvres de Fr. Rabelais. (*Leyde, Elzevier,*) *1663, 2 vol. in-12. m. r. dent.* 25.

132. Les mêmes, avec des remarques par Le Duchat. *Amsterdam, 1741, 3 vol. in-4. fig. de B. Picart, vél.* 47.

133. Les nouvelles et plaisantes Imaginations de Bruscambille, par D. L. *Bergerac, 1615, in-12. v. f.* 4.

134. Il Decamerone di Giov. Boccacci. *Amsterd. (Elzevier,) 1665, 1 tome rel. en 2 vol. in-12. v. m.* 10.

135. Nouvelles de Cervantes, traduites en françois. *Amsterd.* 1720, 2 *vol. in-*12. *br.*

136. Les Amours pastorales de Daphnis et de Chloé, trad. du grec de Longus, par Amyot. *Paris, P. Didot l'aîné, l'an VIII, in-*12. *m. bl. dent. doublé de tabis.*

137. Les mêmes. *Paris, Renouard, in-*12. *fig. Pap. Vél.*

138. Les mêmes, traduction complète. *Paris, F. Didot,* 1813, *in-*12. *br. Pap. vél.*

139. Gli Amori pastorali di Dafni e Cloe di Longo, tradotti del Comm. Annibale Caro. *Parigi, A. A. Renouard,* 1800, *in-*12. *v. f. Pap. Vél.*

140. Les Aventures d'Eugène de Senneville et de Guillaume Delorme, publiées par L. B. Picard. *Paris,* 1813, 4 *vol. in-*12. *br.*

141. Les Aventures de Télémaque, par Fénélon. *Paris, Didot l'aîné,* 1783, 4 *vol. in-*18. *m. r. Pap. Vél.*

142. La Carte de la cour, par Guéret. *Paris,* 1663, *in-*12. *v. f.*

143. La Chaumière indienne, et le Café de Surate, par Bernardin de Saint-Pierre. *Paris, Didot,* 1807, *in-*18. *m. orange. Pap. Vél.*

144. Constance d'Auvalière et Jules d'Espernon, par madame Bournon Malarme. *Paris,* 1813, 3 *vol. in-*12. *br.*

145. Egbert Nevil, par madame de Bournon Malarme. *Paris,* 1815, 3 *vol. in-*12. *br.*

146. Histoire de Gil-Blas de Santillane, par Le Sage. *Paris, l'an* IX, 4 *vol. in-*8. *br. Gr. Pap. Vél.*

Il y manque les figures.

147. Histoire des Amours de Henri IV. *Leyde, Sambix, (Elzev.)* 1663, *in-*12. *v. gauff. dent.*

148. Irons-nous à Paris? ou la Famille du Jura, (par Lemontey.) *Paris,* 1804, *in-*12. *v. gr.*

V

V

galliot.

antoine

fayolle

antoine

porquet.

motelet.

m^lle charpentier

p.

p.   147. Bou. 8e 25 ^c. crus

138. Les.

p.

p.

p.

p.
truchy
motdet.
idem

157. town. 4t-50c.

159. part.

p.
pillet.

163. mou. 6t-25c. Crus. imparfait du titre de la gravure   motdet.

149. Lancelot Montagu, par madame de Malarme. *Paris*, 1816, 3 *vol. in-*12. *br.* 2 .. 5 .

150. Mémoires de Miss Bellamy, trad. de l'anglais. *Paris, an* VII, 2 *vol. in-*8. *br.*

151. Mémoires historiques et secrets, concernant les Amours des rois de France. *Paris, vis-à-vis le cheval de bronze,* 1709, *in-*12. *v. b.* 2 - 95

152. Le prince de Condé, par Boursaut. *Paris, Didot,* 1792, 2 *vol. in-*12. *br. Pap. Vél.*

153. Relation de l'Isle imaginaire. = Histoire de la princesse de Paphlagonie, par mademoiselle de Montpensier. *Paris,* 1805, *in-*12. *br. Pap. Vél.* 1 .. 30 .

154. Le Temple de Gnide, suivi d'Arsace et Ismé-nie, par Montesquieu. *Paris, P. Didot l'aîné,* 1796, *in-*12. *fig. avant la lettre. m. citr. Pap. Vél.* 6 - 10 .

155. The Vicar of Wakefield, by Goldsmith. *Paris,* 1800, *in-*12. *v. f. dent. Pap. Vél.* fig . 5 .

156. Auli Gellii Noctium atticarum lib. XVIII. *Venetiis, Aldus,* 1515, *in-*8. *bas. piqué des vers.* 1 - 50 .

157. Auli Gellii Noctes atticæ. *Amst. Elzev.* 1651, *in-*12. *m. r. dent.* 11 - 70 .

158. Alexandri ab Alexandro Genialium Dierum libri sex, cum not. var. *Lugd. Bat.* 1673, 2 *vol. in-*8. *m. r.* 30 - 5 .

159. Gisb. Cuperi Observationum liv. III. *Ultra-jecti, P. Elzevir.* 1670. = Ejusd. Observationum lib. quartus. *Daventriæ,* 1678, 2 *vol. in-*8. *vél.* 10 .. 5 .

160. P. Horrei Observationes criticæ in scriptores græcos historicos. *Leovardiæ,* 1736, *in-*8. *br.* 2 .. 50 .

161. Éloge historique et critique d'Homère, trad. de l'anglais de Pope. *Paris,* 1749, *in-*12. *m. v.*

162. Della Necessità di scrivere nella propria lingua, (da Giov. Rosini.) *Pisa,* 1808, *in-*4. *v. f. dent. Pap. Vél.* 2 .. 85

163. Le petit Almanach de nos grands hommes, 3 .. 20 .

année 1788, (par Rivarol et Champcenets.) *in-12.
v. gauff. dent. édition originale.*

164. The Club, a Dialogue between father and son,
by P. Puckle. *London*, 1817, *gr. in-8. br. en
cart.*

Cette réimpression d'un ouvrage satirique, dont la première édition est de 1711, est ornée de 5o vignettes gravées
en bois avec le plus grand soin.

165. Apologie pour Hérodote, par H. Estienne,
avec des remarques, par Le Duchat. *La Haye,*
1735, 2 *tom. en 3 vol. in-8. v. b.*

166. Réflexions sur les grands hommes qui sont
morts en plaisantant, (par Deslandes.) *Rochefort,*
1755, *in-12. cart.*

167. Le Moyen de parvenir. *Imprimé cette année
(en Hollande,) pet. in-12. m. citr. dent. tabis.*

168. OEuvres de la marquise de Palmarèze, (par
Mérard de Saint-Just.) *Paris,* 3 *tom. en* 1 *vol.
in-12.*
Tiré à cent exemplaires.

169. Le Tableau des piperies des femmes mondaines, ou par plusieurs Histoires se voyent les
ruses et artifices dont elles se servent. *Cologne,
Pierre du Marteau,* 1685, *in-12. v. gauff.*

170. Le Caquet de l'accouchée, 1622. = Seconde
après-disnée du Caquet de l'accouchée, 1622. =
Troisième après-disnée du Caquet, 1622. = Dernière et certaine journée du Caquet de l'accouchée, 1623. = Le Passe-Partout du Caquet des
Caquets de la nouvelle accouchée, 1622. = La
dernière après-disnée du Caquet de l'accouchée,
1622. = Le Relèvement de l'accouchée, 1622. =
Le Caquet des femmes du faubourg Montmartre.
*Paris, Guill. Gratte-Lard, rue des Poyraux, vis
à vis de la Citrouille, à l'enseigne des Navets,*
1622. = Les dernières paroles ou le dernier
adieu de l'accouchée, ensemble ce qui s'est passé

164. mi⁺

p.

mᵉˡˡᵉ charpentier   Lavi jusqu'au blanc.   166. Bou.

                                                    168. C.

pluquet.

Mᵉˡˡᵉ charpentier.   170. xi⁺

Labitte

p.

p.
clerc.

p.

pluquet.

galiot.

idem

mis avec une revocation de l'edit de nantes   p.
la 1ere partie
181. ce vol. doit estre vendu avec 233

Merault.

en la quatrième après-disnée, etc. 1622. = Dialogue, *sans date*, 3 *feuillets*. = Le Remerciement
des servantes de Paris, fait à celui qui a donné
l'arrest contre les chastrez. *Paris*, 1622. = Lettre
d'Érothée à Neogame, 1624. = Response de
Neogame à Érothée, 1624. = Plaidoyer sur
l'estrange et admirable Caquet d'une femme.
Lyon, 1595, *in-8. m. bl. doublé de tabis*. Très-
bel Exemplaire.

171. Apophthegmata græca regum et ducum, etc.
ex Plutarcho et Diogene Laertio, gr. et lat. *Excud.
Henr. Stephanus*, 1568, *pet. in-12. m. v.*

172. M. Tullii Ciceronis Senténtiæ. *Coloniæ*, 1571,
in-18. m. vert, dent.

173. Adagiorum D. Erasmi Epitome. *Amst. Elzev.*
1650, *in-12. m. r.*

174. Idem opus. *Amstelod. Elzev.* ~~1662~~, *in-12. vél.*

175. Scielta di Proverbi e Sentenze italiani, di Giulio
Varrini. *Venezia*, 1668, *in-18. v. f. le titre refait
à la main.*

176. Ducatiana. *Amsterd.* 1738, 2 *tom en* 1 *vol.*
in-8. v. f.

177. Pieux désirs imités des latins du R. P. Hugo.
Anvers, 1627, *in-8. fig. de Bolswert, vél.*

178. M. Ant. Mureti Opera omnia ex mss. aucta et
emendata cum annotatione D. Ruhnkenii. *Lugd.
Batav.* 1789, 4 *vol. in-8. v. gr.*

179. H. Grotii quædam Argumenti theologici,
juridici, politici. *Amstel. L. Elzevir.* 1652, *in-12.*
v. b.

180. Seria et Joci, ou Recueil de plusieurs pièces
sur divers sujets. *Caen*, 1664, *in-12. vél.*

181. Recueil de diverses pièces curieuses. *Cologne*,
(*Elzevier*), 1664, *in-12. v. ant.*

182. Tablettes d'un curieux, ou variétés historiques, littéraires et morales. *Paris*, 1789, 2 *vol.*
in-12. bas.

La bitte

p.

p.
clerc.

p.

pluquet.

galiot.

idem

mis avec une revocation de l'Arrêt rendu   p.
la 1ere partie
181. ce vol. doit être vendu avec 233

merault.

183. Pièces intéressantes et peu connues, par La Place. *Maestricht*, 1790, 8 *vol. in-12. br.*

184. OEuvres de Blaise Pascal. *La Haye*, (*Paris*), 1779, 5 *vol. in-8. v. b.*

185. Les nouvelles OEuvres de M. Le Pays. *Amst. Wolfgang*, (*Elzevier*), 1674, *in-12. vél.*

186. Les Lettres et Poésies de madame la Comtesse de B. (de Bregy). *Leyde*, (*Elzevier*,) 1666, *in-12. v. b.*

187. OEuvres complètes de La Fontaine. *Paris*, *stéréotype d'Herhan, 8 tom. en 5 vol. in-12. fig. dem. rel. dos de m. r. Pap. Vél.*

188. OEuvres de La Fontaine. *Paris*, *Lefebvre*, 1814, 6 *vol. in-8. fig. br. Exemplaire sur Papier Vél. couleur de rose.*

189. Mémoires d'Histoire, de Critique et de Littérature, par d'Artigny. *Paris*, 1749, 7 *vol. in-12. v. m.*

190. OEuvres de Montesquieu. *Paris*, 1796, 5 *vol. gr. in-4. fig. cart. dos de mar. bl. non rogné. Pap. Vél.*

191. Mes Loisirs, (par le chevalier d'Arc.) *Paris*, 1755, *in-12. v. f.*

192. OEuvres complètes de Voltaire. (*Kehl*), *de l'imprimerie de la société littéraire typographique*, 1785, 74 *vol. in-8. m. orange, dent. Gr. Pap. Vél.*
Superbe exemplaire, avec les doubles figures de Moreau le jeune; celles de la première suite sont de belles épreuves avec la lettre. Dans le volume de la Pucelle elles sont avant la lettre. La seconde suite est avant la lettre. On a ajouté un grand nombre de portraits, et les figures pour les Romans, de l'édition de Bouillon. Les quatre volumes qui sont de plus renferment les deux volumes de tables qui sont brochés, et le supplément au recueil des lettres de Voltaire, imprimé chez Xhrouet, en 1808. Ces deux volumes sont imprimés sur Grand Papier Vélin, et reliés comme le reste de l'ouvrage.

193. OEuvres de J. J. Rousseau. *Paris, Bozerian*,

p.
pierre

galliot.

chinot.

p.

p.

186. am+

192. azzz+

de Soleinne

185. gu. ✶

~~187. 0~~+

197 - Crus.

201. C.

205. gu.

Clerc.

galliot.

herault.

antoine

pierre

martine

antoine

p.

p.

Laloy

1801 , 25 *vol. in-12. m. orange. Pap. Vél. Edition
tirée à cent exemplaires.*

194. OEuvres de Saint-Foix. *Paris,* 1778, 6 *vol.*
in-8. br en cart.

195. OEuvres complètes de Thomas. *Paris, an x,*
7 *vol. in-8. v. f. Pap. Vél.*

196. OEuvres complètes de Marmontel. *Paris,*
1787 *à* 1806, 32 *vol. in-8. fig. br.*

197. Porte–Feuille d'un jeune homme de vingt-
trois ans, (le vicomte de Wall). *Paris, Didot*
l'aîné, 1788, *in-8. v. gauff.*

198. OEuvres de Beaumarchais. *Paris,* 1809, 7 *vol.*
in-8. fig. br. en cart.

199. OEuvres de Rulhière. *Paris, Colnet, in-8. cart.*
Pap. Vél.

200. OEuvres posthumes du même. *Paris,* 1792 ,
in-12. br.

201. Recueil d'opuscules en vers et en prose, (par
M. de Cramayel). *Paris, Didot l'aîné,* 1804,
in-18. m. bl. dent. doublé de tabis.

Édition tirée à petit nombre.

202. Opere di Galileo Galilei. *Milano,* 1808,
13 *vol. in-8. fig. br.*

203. Mélanges d'Histoire et de Littérature, (publiés
par M. Q. Crawfurd). *Paris,* 1817, *in-8. br. en*
cart. dos de m. r.

204. OEuvres Politiques, Littéraires et Dramati-
ques de Gustave III, roi de Suède, (publiées
par Dechaux). *Paris,* 1805, 5 *vol. in-8. fig.*
v. f. dent. Pap. Vél.

205. Des. Erasmi Colloquia. *Amstelod. ex offic.*
Elzevir. 1679, *in-12. v. b.*

206. Recueil des Lettres de madame de Sévigné.
Paris, 1774, 8 *vol. in-12. v. m.* = Lettres de
madame de Sévigné à Bussy-Rabutin. *Paris,*
1775, *in-12. br.*

207. Lectures on history, and general policy, by
J. Priestley. *Birmingham*, 1788, *in-4. v. j.*

208. Considérations sur l'étude et les connoissances
que demande la composition des ouvrages de
Géographie, par d'Anville. *Paris*, 1777, *in-8.*
rel.

209. Geographia generalis, aut. Varenio. *Amst.*
Elzev. in-12. m. cit. dent. 1650.

210. Géographie Ancienne abrégée, par d'Anville.
Paris, 1768, 3 *vol. in-12. fig. v. m.*

211. Pomponii Melæ de Situ orbis Libri III, cum
not. var. *Lugd. Bat.* 1748, 2 *vol. in-8. m. r.*

212. Cours des principaux Fleuves de l'Europe,
composé et imprimé par Louis XV, en 1718.
Paris, 1718, *in-4. v. m.*

Ouvrage tiré à petit nombre.

213. L'Euphrate et le Tigre, par d'Anville. *Paris*,
Imp. Royale, 1779, *avec une carte.* = Mémoire
sur la mer Caspienne, par d'Anville. *Paris*,
Imp. Royale, 1777, *in-4. v. f. avec une carte.*

214. Voyages en Russie, en Tartarie et en Turquie,
par M. Ed. D. Clarke, trad. de l'anglais. *Paris*,
1812, 2 *vol. in-8. v. j.*

215. Voyage pittoresque de la Syrie, de la Pales-
tine, etc. d'après les dessins de M. Cassas, par de
la Porte du Theil, etc. *Paris*, 1798, 30 *livr. cart.*
en 1 *vol. in-fol.*

216. Analyse du Voyage pittoresque de Naples et
de Sicile, de Richard de Saint-Non, par l'abbé
Brizard. *Paris*, 1787, *in-8. v. rac. Pap. Vél.*

217. Voyage minéralogique, etc. en Toscane, par
J. Targioni Tozzetti. *Paris*, 1792, 2 *vol. in-8. v. f.*

218. Voyage dans le Tyrol, par de Bray. *Paris*,
1808, *in-12. v. f.*

219. Voyage du ci-devant Duc du Châtelet en Portugal, revu par Bourgoing. *Paris*, *l'an VI*,

p.

p.   209.94.

de Soleinne

p.

galiot.

p.

p.

p.

221. gu. *   2 fllcts tachir, irlo titn eent.   La Sitte.

222. frob. mz⁺ part.

                                                                       p.

                                                                       mcrault.

                                                                       p.
                                                                       m^lle charpentier
                                                                       p.
                                                                       galliot.

229. of.

                                                                       Miotzlet.

231. of.

                                                                       motelet.

233. gu. *   a vcnDrc avec 181

2 *tom. en* 1 *vol. in-8. avec des cartes. m. or. Pap. Vél.*

220 Voyage en Portugal, par MM. Link et le comte de Hoffmansegg. *Paris*, 1803, 3 *vol. in-8. bas.*

221. Relation d'un voyage en Angleterre, (par Sorbière). *Cologne, (Elzevier),* 1666, *in-12. vél.*

222. Voyage littéraire de la Grèce, par M. Guys. *Paris*, 1783, 4 *vol. in-8. fig. v. m.*

223. Voyage à l'Isle de France, etc. par un officier du roi, (Bernardin de Saint-Pierre.) *Paris*, 1773, 2 *vol. in-8. fig. v. f.*

224. Nouveau Voyage aux Grandes-Indes, par Luillier. *Rotterdam*, 1726, *in-8. v. f.*

225. Justini Historiarum libri, cum not. I. Vossii. *Lugd. Bat. Elzevir.* 1640, *in-12. vél.*

226. Idem Justinus, cum not. var. *Lugd. Bat.* 1760., *in-8. cart. dos de m. non rogné.*

227. Précis de l'Histoire universelle, par Anquetil. *Paris*, 1801, 12 *vol. in-12. v. rac. dent.*

228. Des effets de la Religion de Mohammed, par Oelsner. *Paris*, 1810, *in-8. v. rac.*

229. Essai sur l'influence des Croisades, par A. Heeren, trad. de l'allemand par Charles Villers. *Paris*, 1808, *in-8. v. f.*

230. Histoire de la Rivalité de la France et de l'Espagne, par Gaillard. *Paris*, 1801, 8 *vol. in-12. v. rac.*

231. Essai sur l'Esprit et l'Influence de la réformation de Luther, par C. Villers. *Paris*, 1808, *in-8. v. rac.*

232. Mémoires sur l'Origine des Guerres qui travaillent l'Europe depuis cinquante ans, par P. Linage de Vaucienne. *Paris*, 1677, 2 *vol. in-12. v. f. dent.*

233. Recueil historique contenant diverses pièces

curieuses de ce temps. *Cologne, (Elzevier),* 1666, *in*-12. *v. ant.*

234. Éclaircissemens historiques sur la révocation de l'Édit de Nantes, (par Rhulière.) 1788, 2 *tom.* en 1 *vol. in*-8. *v. f. dent.*

235. Il Cardinalismo di santa Chiesa. 1668, (*Leyde, Elzevier*), 3 *vol. in*-12. *v. f.*

236. Le même ouvrage. 3 *vol. in*-12. *vel. bl.*

237. Histoire des Chevaliers de Malthe, par de Vertot. *Paris,* 1761, 7 *vol. in*-12. *v. m.*

238. Fl. Josephi de Bello judaico et Antiquitates judaicæ, de græco in latinum translatæ, per Ruffinum Aquilensem. *Venetiis, Raynaldus de Novimagio,* 1481, 2 *part.* en 1 *vol. in-fol. v. b.* avec des initiales et des bordures peintes en or et en couleurs.

239. Xenophontis Oratio de Agesilao, Lacedæmoniorum respublica, etc. gr. et lat. rec. Bolton Simpson. *Oxonii, e typogr. Clarendon.* 1754, *in*-8. *v. f.*

240. Q. Curtii Rufi Historiarum libri. *Lugd. Bat. Elzev.* 1633, *in*-12. *m. r. dent.*

241. Idem Quintus Curtius. *Parisiis, Barbou,* 1757, *in*-12. *v. j.*

242. C. Sallustii Opera. *Lutetiæ Parisiorum, Barbou,* 1754, *in*-12. *m. bl. doub. de tabis. Pap. de Hollande.*

243. C. Crispi Sallustii Opera, ex rec. G. Cortii. *Glasguæ,* 1778, *in*-12. *br.*

244. Conjuration de Catilina, par Salluste, trad. par Billecocq. *Paris,* 1795, *in*-18. *m. r. doub. de tabis. Pap. Vél.*

245. Titi Livii Historiarum quod extat. *Amst. Elzev.* 1678, *in*-12. *m. r. dent.*

246. T. Livii Historiarum libri qui supersunt. *Biponti,* 1784, 13 *vol. in*-8. *dem. rel.*

p.

galiot.

m^lle charpentier

237. aoüt.   236. gu.

                                           238. C.

                                           239. part.

Motelet.   trs lavi.

Lahoy

idem

p.

m^lle charpentier

                                           244. les.

Motelet.

        246 pot

$p.$

$p.$

$250\ n^{t}$

$p.$

Mlle Bardot.

$p.$

$p.$

255. C.

Laloy

$p.$

$p.$

259. Bou. 7bre - 25 $^{c.}$

247. Velleii Paterculi Historiæ Romanæ quæ supersunt. *Londini, Tonson,* 1713, *in-12. v. b.*

248. L. Ann. Florus; Cl. Salmasius addidit L. Am-
pelium. *Lugd. Bat. Elzev.* 1638, *in-12. vél.*

249. Historiæ Augustæ Scriptores VI. Ælius Spar-
tianus, etc. acc. Schrevelio. *Lugd. Bat.* 1671,
in-8. v. b.

250. Histoire des Révolutions Romaines, de Suède
et de Portugal, par de Vertot. *Paris,* 1752,
6 *vol. in-12. v. m.*

251. Respublica Romana. *Lugd. Bat. Elzev.* 1626,
in-16. vél.

252. Considérations sur les Causes de la grandeur
des Romains, par Montesquieu. *Paris, A. A. Renouard,* 1795, 2 *vol. in-8. br. Gr. Pap. Vél.*

253. États formés en Europe après la chute de l'Empire Romain, par d'Anville. *Paris, Imp. Royale,*
1771, *in-4. v. f. avec une carte.*

254. Histoire des Progrès et de la Décadence de la
monarchie des Goths en Italie, par J. Naudet.
Paris, 1811, *in-8. br.*

255. Description des Alpes Grecques et Cottiennes,
par Albanis Beaumont. *Paris, Didot aîné,* 1802,
2 *vol. in-4. et atlas in-fol. cart. dos de m. r.*

256. Histoire des Républiques Italiennes du moyen
age, par J. C. L. Simonde Sismondi. *Paris,*
1809, *in-8. dem. rel. Les tomes* 1 *à* 8.

257. Mémoires secrets et critiques des Cours et
des Gouvernemens des principaux états de l'Italie, par J. Gorani. *Paris,* 1793, 3 *vol. in-8.
v. gr.*

258. Notice de l'ancienne Gaule, par d'Anville.
Paris, 1760, *in-4. v.f.*

259. Histoire critique de l'établissement des François dans les Gaules, par le président Hénault.
Paris, 1801, 2 *tom. en* 1 *vol. in-8. dem. rel. dos
de m. r.*

260. Histoire de France, par Anquetil. *Paris,*
1805, 14 *vol. in-12. v. rac.*

261. Histoire de Charlemagne, par Gaillard. *Paris,*
1782, 4 *vol. in-12. v. rac.*

262. L'Esprit de la Ligue, (par Anquetil). *Paris,*
1767, 3 *vol. in-12. v. f.*

263. Les Hermaphrodites, ou l'Ile des Hermaphrodites nouvellement découverte, etc. (par Artus
Thomas, sieur d'Embry. 1605), *pet. in-12. cart.*

264. La Satyre Menippée. *Ratisbonne,* (*Elzevier*),
1664, *in-12. fig. vél.*

La figure de la procession de la Ligue est avant la lettre.

265. Sermons de la simulée Conversion de Henri
de Bourbon, par J. Boucher. *Paris, G. Chau-
dière,* 1594, *in-8. m. bl. dent. édition originale.*

266. Mémoires de Ph. Hurault, comte de Chi-
verny. *Paris,* 1664, 2 *vol. in-12. m. vert.*

267. Histoire du cardinal de Richelieu. *Cologne,
Dumarteau,* (*Holl. Elzev.*) 1666, 5 *vol. in-12.
v. gauff. dent.*

268. Histoire du Ministère du cardinal de Richelieu. *Leyde, Jean Sambix,* (*Elzev.*) 1652, 2 *vol.
in-12. v. gauff. dent.*

269. Mémoires de P. de La Porte, valet de chambre de Louis XIV. *Genève,* 1755, *in-12. v. m.*

270. Les Héros de la Ligue, ou la procession mo-
nacale conduite par Louis XIV pour la conversion des protestans de son royaume. *Paris, Père
Peters,* (*Hollande*), *in-4. fig. m. r.*

271. La Chassé au Loup de M. le Dauphin, ou la
rencontre du comte du Roure dans les plaines
d'Anet. *Cologne, P. Marteau, in-12. broché.*

272. Histoire de la Guerre Civile en France, (par
l'abbé Soulavie). *Paris,* 1803, 3 *vol. in-8. v. f.*

273. Histoire secrète du Cabinet de Napoléon
Bonaparte, par Lewis Goldsmith. *Londres,* 1814,
2 *tom. en* 1 *vol. in-8. v. j.*

p.

Rouget.

p.

motet.

chardin

Mlle charpentier

lms tachi a lafin

264. am$^+$

tms rogni.

267. bien.

268. Bou. g$^+$.
bien.

p

270. hz$^+$

271. ai$^+$

Mlle charpentier

rouget.

p.

274. Mou.
275. Bou. 24ᵉ-25 C. Crus.

277. of. No.

279. Lecher.

280. part. gu.
281. part.

285. Sac.

plaquet.

p.

p.

p.

p.

C   274. Les Mémoires d'Edmond Ludlow. *Amsterd.*   13 .. 5 .
1699 *et* 1707, 3 *vol. in-*12. *v. f.*

C   275. Histoire du Duc de Marlborough. *Paris*, *imp.*   31 ... ＄.
royale, 1805, 3 *vol. in-*8. *m. r. dent. doub. de*
tabis. Pap. Vél.

276. Histoire de l'Anarchie de Pologne, par C. Rul-   23 . 95 ＄
hière. *Paris*, 1807, 4 *vol. in-*8. *v. rac.*

C   277. Le même ouvrage. 4 *vol. in-*8. *br. Pap. Vél.*   41 . 50 ＄

C   278. Histoire ou Anecdotes sur la révolution de   3 .
Russie, en 1762, (par Rulhière). *Paris*, 1797,
*in-*8. *v. f. Pap. Vél.*

C   279. Recherches historiques sur les connoissances   8 - 95 ＄
que les Anciens avoient de l'Inde, trad. de l'an-
glois de W. Robertson. *Paris*, 1792, *in-*8. *v. f.*
Pap. Vél.

280. Persia seu Regni Persii Status. *Lugd. Bat.*   2 . 50 ＄
Elzev. 1633, *in-*16. *vél.*

281. Africæ Descriptio. *Lugd. Bat. Elzev.* 1632,   3 .. 50 ＄
2 *vol. in-*16. *v. b.*

flob. 282. Neuf Cartes et plans *grand in-fol.* faisant partie   10 -- 10 .
de la Description de l'Égypte, publiée par le
gouvernement.

C   283. Mémoire pour le chef de brigade Pelage, et
les habitans de la Guadeloupe. *Paris*, 1803,   10 . 95 .
2 *vol. in-*8. *v. gr.*

C   284. Histoire du Brésil, par Alphonse de Beau-
champ. *Paris*, 1815, 3 *vol. in-*8. *br.*

D   285. Antiquitates Asiaticæ christianam æram an-   9 . -- ＄
tecedentes, notis illustratæ per Ed. Chishull.
Londini, 1728, *in-fol. fig. v. b.*

C   286. De Re Nummaria. *Coloniæ Agripp.* 1569,
*in-*12. *dem. rel.*

D   287. Car. Patini Introductio ad Historiam numis-   8 . -- 10 .
matum. *Amstel.* 1683. = M. Suaresii de Numis-
matis Dissertatio. *Amst.* 1683, *in-*12. *v. b.*

C .   288. Anciens Monuments de l'art de l'Italie, par
J. Winkelmann, trad. en allemand. *Berlin*,
1791, 2 *tom. en* 1 *vol. in-fol. fig. cart.*

289. Découverte de la maison de campagne d'Horace, par l'abbé Capmartin de Chaupy. *Rome*, 1767, 3 *vol. in-8. v. gr.*

290. Recueil de Dissertations sur plusieurs sujets d'antiquités, par Heyne, en allemand. *Leipzig*, 1778, *in-8. cart.*

291. Polydori Vergilii de rerum Inventoribus libri VIII. *Amst. D. Elzevir.* 1671, *in-12. m. bl. dent.*

292. J. A. Fabricii Bibliotheca latina, digesta et aucta a J. A. Ernesti. *Lipsiæ*, 1773, 3 *vol. in-8. vél.*

293. La Libreria del Doni Fiorentino, nella quale sono scritti tutti gli autori vulgari, etc. *Vinegia*, 1558, *in-8. v. b.*

294. Bibliothéque Françoise, par Goujet. *Paris*, 1740, 18 *vol. in-12. v. b.*

295. Annales de l'Imprimerie des Alde, avec le supplément, par A. A. Renouard. *Paris*, 1803 *et* 1812, 3 *vol. in-8. m. orange, dent. doub. de tabis. Pap. Vél. satiné.*

296. Dictionnaire Bibliographique des livres rares, etc. (par Duclos et Cailleau). *Paris*, 1791, 3 *vol. in-8. v. f.*

297. Manuel du Libraire et de l'amateur de livres, par M. J. C. Brunet fils. *Paris*, 1810, 3 *vol. in-8. br. en cart. Pap. Fort.*

298. Notice des ouvrages de d'Anville, (par M. Barbié du Boccage,) précédé de son Éloge, (par M. Dacier). *Paris*, 1802, *in-8. v. f.*

299. Catalogue des livres imprimés de la Bibliothéque du Roi. *Paris, impr. royale,* 1739, 6 *vol. in-fol. br. en cart.*

300. Catalogue des livres de la Bibliothéque du maréchal d'Estrées. *Paris, Guérin,* 1740, 2 *vol. in-8. v. m. Gr. Pap.*

301. Bibliotheca Smithiana. *Venetiis,* 1755, *in-4. v. m.*

p.

galliot.

p.

p.

avec des fillets dechirés.

293 D.N.

p.

chadi~~~~
ferté.

le supplement broché.

p.

p.

ferté.

Den

retiri sans cachers

il marque la table des anciens

30 s. gu.*

p.

p.

p.

p.

p.

p.

p.

p.

p.

p.

ferté.
clerc.

p.

Mlle Charpentier

302. Catalogue des livres de la Bibliothéque de la princesse de Conty. *Paris, Prault,* 1775, *in-8. v. f. Pap. de Hollande.*

303. Bibliotheca Croftsiana. *London,* 1783, *in-8. br.*

304. Catalogue des livres de Mirabeau. *Paris, Rozet,* 1791, *in-8. v. rac.* avec les prix.

305. Catalogue des livres de la Bibliothéque du cardinal de Loménie, faisant suite à l'Index librorum, etc. *Paris, G. De Bure,* 1792, *in-8. v. f.*

306. Catalogue des livres de M. M. (Méon). *Paris, Bleuet jeune,* 1803, *in-8. v. j. avec les prix.*

307. Catalogue des livres de la Bibliothéque de La Serna Santander. *Bruxelles,* 1803, 5 *vol. in-8. les 4 premiers br. le tome cinquième en v. f.*

308. Catalogue des livres de Tourneisen, avec le supplément. *Paris, Tilliard,* 1811. = De M. ***. *Paris, Merlin,* 1811. = De M. ***. *Paris, De Bure,* 1811, *in-8. v. j.*

309. Histoire de Cicéron, (trad. de l'anglois de Middleton,) par l'abbé Prevost. *Paris,* 1743, 4 *vol. in-12. m. v. dent.*

310. Les Éloges des Savans, tirés de l'Histoire de De Thou, par Teissier. *Leyde,* 1715, 4 *vol. in-12. v. rac.*

311. Mémoires sur la Vie de Pibrac, (par l'Épine de Grainville, augmentés par l'abbé Sepher). *Amst.* 1761, *in-12. v. m.*

312. La Vie et les actions mémorables de Ruyter. *Amsterd.* 1677, *in-12. v. gr. dent.*

313. Histoire de Fénélon, par M. de Bausset. *Paris,* 1808, 3 *vol. in-8. dem. rel.*

314. La même histoire. 3 *vol. in-8. v. f.*

315. Mémoires d'un père pour servir à l'instruction de ses enfans, par Marmontel. *Paris,* 1804, 4 *vol. in-8. v. f.*

316. Essai sur la Vie de J. J. Barthélemy, par

Mancini Nivernois. *Paris, De Bure*, 1795, *in-4.*
br. Pap. Vél.

40 . 5. 317. Æliani varia Historia , cum not. var. curante
A. Gronovio. *Lugd. Bat.* 1731, 2 *vol. in-4. br. en*
cart. non rogné.

1 - - - 318. Valerii Maximi Dictorum Factorumque me-
morabilium lib IX. *Amstelod.* 1690, *in-16. v. b.*

100 - - 319. Dictionnaire de Bayle. *Rotterdam*, 1720, 4 *vol.*
in-fol. v. j.

ARTICLE OMIS.

6 - - - - 320. Pensées de l'Empereur Marc-Aurèle, trad. par
de Joly. *Paris, Renouard,* 1796, *in-8. m. bl.*
dent. Pap. Vél.

---

390 - - - Cent quarante et un cuivres des figures des Fables de
La Fontaine, gravées d'après les dessins d'Oudry.

Ces figures ne sont pas la totalité de celles qui ornent cette
belle édition, mais elles peuvent servir à former des Recueils
d'estampes pour les enfants. On vient de faire tirer deux épreuves de chaque planche, pour montrer dans quel état sont ces
cuivres. On pourra les voir dès à présent chez MM. De Bure
frères, libraires du Roi et de la Bibliothéque du Roi, rue
Serpente, n° 7.

FIN.

Mlle charpentier.

p-

317. h2+

319. cher.

ferté.

Louis jean

gironn

9 782014 109818

ESSAI

SUR LE PRINCIPE

DU

GOUVERNEMENT REPRÉSENTATIF.

PREMIÈRE PARTIE.

EXPOSITION DES PRINCIPES GÉNÉRAUX.

CHAPITRE PREMIER.

Du Principe du Gouvernement Représentatif.

MONTESQUIEU est le premier des Publicistes qui ait parlé du principe des Gouvernemens, et distingué ce principe de ce qui en constitue la nature.

La nature d'un Gouvernement consiste dans son organisation. C'est elle qui donne à chacun d'eux la forme spécifique qui le différencie de tous les autres. Mais le principe est indépendant de cette organisation ; ou plutôt, cette organisation est elle-même une dépendance du principe. En effet, si, pour donner un exemple de ce que nous venons d'avancer, nous suivons la doctrine de Montesquieu, et si nous parlons sa langue, nous verrons que la *vertu*, dans le sens politique, est le principe du Gouvernement républicain. Tant que les citoyens ne sont pas mus par ce patriotisme sublime auquel s'éleva l'antiquité, et que les peuples modernes finiront par mettre au rang des fables ; tant que les ames ne brûlent pas de ce feu sacré qui enflammoit l'imagination des Anciens, et faisoit de la patrie une idole à laquelle ils sacrifioient les intérêts individuels, la vertu ne règne plus dans les cœurs, et la république ne peut exister.

Ici la doctrine de Montesquieu est bâsée sur les faits ; et tous les Historiens de l'antiquité offrent leur témoignage à l'appui de ce qu'il avance.

Notre intention n'est pas sans doute de commenter la doctrine de Montesquieu sur le principe des divers Gouvernemens, d'examiner s'il a eu tort ou raison de donner à la

monarchie l'honneur pour principe, la modération à l'aristocratie, et la crainte au
despotisme. Il peut y avoir plus ou moins de
vérité dans ces assertions. Mais ce dont nous
sommes bien convaincu, c'est que la distinction établie par lui est un trait de lumière
qui répand la plus grande clarté dans les matières du droit politique, et prépare des
découvertes nouvelles.

Qui le croiroit ? l'auteur de l'*Esprit des
Lois* consacre la plus grande partie de son
ouvrage à développer le principe des divers
Gouvernemens, à montrer comment tout s'y
rapporte, et comment rien ne doit s'en
écarter. Cette lumineuse distinction, qu'il
n'a peut-être pas assez éclaircie, est la base
de son livre; et il ne parle pas du principe
du Gouvernement représentatif. Cependant,
dans son beau chapitre sur la Constitution
d'Angleterre, il examine en détail tous les
pouvoirs dont la réunion forme cette espèce
de Gouvernement; il en montre l'organisation, et fait voir que de la pondération de
ces divers pouvoirs résulte la liberté publique. Mais il se contente d'en montrer la
forme et le résultat, et n'en fait pas connoître
le principe.

L'ouvrage que nous offrons au public est destiné à remplir la lacune qu'offre à cet égard l'*Esprit des Lois*. Appuyé sur son illustre auteur, nous voulons faire un pas de plus que lui ; mais nous voulons le faire sans nous écarter de la ligne qu'il a tracée. Nous sommes persuadé que le seul moyen de découvrir la vérité est de prolonger la route ouverte par les hommes de génie, et non pas de s'en créer de nouvelles. Ce n'est pas sans doute la manière de penser de ces grands esprits qui se croient créateurs, et qui ne créent que des erreurs; mais c'est la vraie méthode d'invention. Laissons parler les novateurs orgueilleux qui veulent être libres de toute espèce de joug, et mettons notre orgueil à ne pas secouer celui des hommes de génie.

Puisque Montesquieu a omis de parler du principe du Gouvernement représentatif, tâchons de réparer cette omission.

Le principe de ce Gouvernement est la *raison publique*, principe qui, s'il n'est pas contrarié, est le levier le plus puissant et le plus sûr de tous; le seul peut-être dont la corruption n'est pas une suite de son existence : c'est ce que l'on verra dans ce livre.

Heureux si, en faisant bien connoître le principe du Gouvernement représentatif, je faisois aimer celui de mon pays! Heureux sur-tout si tous les cœurs, en s'attachant à la Charte constitutionnelle, où cette espèce de Gouvernement se montre pour la première fois aux Français, environnoient de leur amour le Monarque qui nous l'a donnée! Puissé-je, en faisant sentir toute l'étendue de ce bienfait, faire adorer le bienfaiteur!

CHAPITRE II.

De ce qu'il faut entendre par Raison publique.

———

Ce chapitre sera très-court, parce que l'ouvrage tout entier ne doit en être que le développement.

Pour déterminer ce qu'on doit entendre par raison publique, il faut commencer par déterminer ce que l'on entend par volonté générale.

Persuadés que le peuple ne veut que son bonheur, et que les lois n'ont d'autre but que celui de la félicité publique, les Publicistes modernes ont pris la volonté nationale pour base de leurs théories politiques; et ils en ont fait le principe de toute législation et de tout gouvernement.

Mais il faut remarquer deux choses dans la volonté générale, ou en d'autres termes, dans l'opinion publique: 1° La volonté considérée indépendamment des objets auxquels elle s'applique; 2° la volonté éclairée par la connoissance des intérêts nationaux et des objets qui s'y rattachent.

Sans doute la volonté générale est toujours dirigée vers le bonheur de la nation; sans doute le peuple ne veut et ne peut vouloir que son bonheur; sans doute son vœu se rapporte toujours à ses intérêts; et ce penchant vers la félicité, l'une des lois de la nature, a pu faire croire aux Publicistes que la volonté du plus grand nombre étoit le vœu de la sagesse et celui de la raison.

Mais falloit-il se borner à un calcul de volontés? à une somme arithmétique? non sans doute; il falloit considérer la volonté générale sous différens points de vue.

Cette volonté peut être basée sur des notions fausses, sur des idées mal déterminées, sur des intérêts mal entendus. D'un autre côté, il peut arriver aussi qu'elle repose sur la connoissance des rapports sociaux, des besoins réels de la société, et des vrais intérêts de la nation; et dans ce dernier cas, elle prend le nom de *raison publique.* La raison publique n'est donc autre chose que la volonté générale modifiée par la connoissance des intérêts nationaux; et nous allons voir dans les chapitres suivans comment cette volonté générale se modifie, et ce qui résulte des modifications qu'elle éprouve.

CHAPITRE III.

De quelle manière la Volonté générale se transforme en Raison publique.

Nous avons, dans le premier chapitre, déterminé ce que nous devions entendre par principe d'un Gouvernement; nous avons à cet égard adopté la lumineuse doctrine de Montesquieu; et nous avons vu que le principe d'un Gouvernement est ce qui le fait mouvoir.

Avant d'examiner comment la raison publique fait mouvoir le Gouvernement représentatif dont elle est le principe, il est nécessaire d'examiner comment elle se forme.

Des écrivains politiques ont prétendu que la volonté générale est la source des lois; qu'elles en sont l'expression; et que puisque ces lois sont les conditions auxquelles l'homme s'est réuni en société, que puisqu'elles sont au-dessus de tous les pouvoirs, la volonté générale qui en est la source constitue la souveraineté. Puis développant les conséquences de cette doctrine, ils ont ajouté, que lorsque le peuple exprime sa volonté, il doit être considéré comme l'unique souverain, et abaisser à ses pieds toutes les puissances.

Mais ces écrivains n'ont pas observé les transformations qu'éprouve la volonté générale; ils l'ont considérée d'une manière confuse, n'en ont pas analysé les élémens, et par-là sont tombés dans des erreurs d'autant plus déplorables, qu'elles ont été la cause de nos désastres politiques.

Il ne falloit pas considérer la volonté générale, abstraction faite de la connoissance des besoins et des intérêts nationaux ; car cette volonté prise abstractivement peut devenir une force aveugle qui , loin de mouvoir le Gouvernement et de le diriger vers la félicité publique , le renverse et l'anéantit sous les débris même des lois. Nous aurons dans la suite occasion de développer les conséquences funestes de cette erreur : il nous suffit maintenant de l'avoir indiquée.

Qu'il nous soit permis de profiter de cette occasion pour faire remarquer à quelques-uns de nos lecteurs qu'ils ont bien tort d'attribuer les graves erreurs de nos modernes Publicistes à ce qu'ils appellent la manie d'analyser. Ces erreurs , au contraire , viennent de ce qu'ils n'ont pas assez analysé , de ce qu'ils ont trop considéré les choses d'une manière confuse , de ce qu'ils n'ont pas assez décomposé les idées renfermées dans des principes généraux.

Si, par exemple, ils avoient mieux analysé la volonté générale , s'ils avoient détaché les unes des autres les idées qu'elle renferme , ils se seroient facilement aperçu des modifications qu'elle éprouve , des transformations par où elle passe. Mais revenons à notre sujet.

D'après ce que nous avons dit, il est évident que si le Gouvernement étoit uniquement mu par la volonté générale, il seroit
sans cesse exposé à suivre une impulsion
trompeuse qui l'écarteroit du but de la félicité publique. Si lorsque le peuple manifeste
sa volonté, elle devoit être respectée par
cela seul qu'elle est sa volonté, et abstraction faite des notions sur lesquelles elle repose; si, comme dans les républiques démocratiques, le peuple faisoit la loi; égaré
sans cesse par les charmes d'une éloquence
artificieuse, ou par la voix d'un intérêt mal
entendu, il nous retraceroit l'image d'une
mer agitée par les tempêtes, ou celle des
flots de l'Eurype auxquels l'ont si souvent
comparé les auteurs de l'antiquité.

Les faits et les raisonnemens nous prouvent donc que la volonté générale, pour
être le mobile d'un Gouvernement, doit su-
bir des modifications.

Qui produit ces modifications? Qui fait
passer la volonté générale par des transformations qui l'épurent? Qui la rend ainsi le
mobile ou le principe du Gouvernement représentatif?

La réponse sera bientôt faite : Il existe

chez tous les peuples civilisés une classe (1) intermédiaire entre les gouvernans et les gouvernés, dont le but est d'éclairer l'esprit par des méditations profondes sur les hommes et sur les choses. C'est elle qui transforme la volonté générale en raison publique. Cette classe est dépositaire des lumières ; et les Gouvernemens varient en raison des progrès qu'elle a faits dans les connoissances humaines, et des obstacles qu'elle trouve dans l'acquisition de ces connoissances.

Rousseau, dont la logique fut rigoureuse malgré les écarts de son beau génie, a, dans son *Contrat Social*, aperçu les difficultés que présentoit sa doctrine sur la volonté générale. Mais prévenu pour des principes chers à son cœur, et devenus pour lui des préjugés, il a éludé ces difficultés au lieu de les considérer en face. En effet, il a très-bien vu que le peuple ne pouvoit discerner ces rapports moraux et politiques dont l'ensemble forme

---

(1) Ce n'est ni la noblesse, ni le clergé, ni le tiers-état ; elle est composée de tous les hommes éclairés : qu'ils soient nobles, prêtres, riches ou pauvres. Nous l'appelons classe intermédiaire, parce que le Gouvernement doit toujours la consulter.

l'ordre social, concilier les intérêts individuels en respectant l'intérêt général, et
s'élever à ces idées sublimes et bienfaisantes
d'où sortent les institutions durables, et d'où
l'on voit comme d'une source abondante
découler la félicité des Empires. Qu'a-t-il fait
pour résoudre cette difficulté ? Il a fait comme
les mauvais auteurs de tragédie, qui font descendre un dieu sur la scène pour dénouer
le nœud de la pièce. Par une sorte de magie,
il fait descendre, pour donner des lois au
peuple souverain, une espèce de divinité
que son éloquence environne d'un éclat fan-
tastique, et à laquelle il donne le nom de
législateur. (1)

Si Rousseau eût été moins préve nu pour
des principes adoptés par son cœur, il eût
vu que l'intervention d'un génie extraordinaire ne peut suppléer à l'existence de la
classe intermédiaire dont nous avons parlé
plus haut.

En effet, les divers ordres de choses sur
lesquels les lois statuent, les besoins réels
de la société que les lois sont destinées à sa-

____

(1) Voyez, dans le *Contrat Social*, le chapitre intitulé : *Du Législateur*.

tisfaire, les intérêts de la société qu'elles sont appelées à concilier, embrassent une sphère immense, et commandent les efforts successifs de plusieurs siècles et de plusieurs hommes réunis. Quelque perçant que soit donc l'œil du génie, quelque rapide que soit son vol, il ne peut, dans cette immensité, parcourir que quelques objets; et ses découvertes les plus brillantes ont toujours besoin du sceau de l'expérience.

Or, c'est la classe intermédiaire qui imprime ce sceau aux méditations des grands hommes. C'est elle qui les transforme en des vérités utiles, ou les repousse comme des erreurs. Tant qu'elle n'a pas sanctionné de son auguste témoignage les découvertes du génie, elles sont considérées plutôt comme les saillies de la raison que comme les oracles de la vérité.

On ne connoît, disent les Philosophes, que ce que l'on a déjà senti; et ce principe que la philosophie consacre doit être adopté par la politique. Or, puisqu'il en est ainsi, quel est celui dont l'ame est assez flexible pour se placer dans tous les états, dans toutes les positions où se trouve l'homme en société? qui puisse sentir tous les besoins que la nature a créés ou que l'ordre social a fait naître? et dont l'esprit, semblable à la monade de Leibnitz, soit le miroir représentatif de tous les objets de l'univers? Cet être extraordinaire n'est pas dans la nature : et comme il n'existe pas un homme qui puisse tout sentir, il n'en existe pas non plus qui puisse tout connoître.

Mais lorsqu'un grand nombre d'individus porte son esprit sur les divers ordres de choses qui forment l'objet des sciences physiques et morales, on peut dire sans se tromper, que tout a été senti et que tout peut être connu. Ces individus forment une classe ou plutôt une espèce de société où chacun se fait part des impressions qu'il a reçues, où les observations sont comparées, les découvertes constatées par des observations nouvelles, et où l'on voit s'élever majestueusement l'édifice des connoissances humaines.

Ce n'est donc que la classe intermédiaire qui peut, par son intervention, modifier (1)

____

(1) La volonté générale, ou l'opinion publique, éprouve d'autres modifications que celles que lui imprime la classe éclairée. Mais ce n'est pas ici le lieu de les faire connoître ; ce sera un des objets du sixième chapitre.

la volonté générale et la transformer en raison publique. C'est elle qui détermine l'objet du vœu de la nation ; qui fait connoître d'une manière distincte les besoins et les intérêts sociaux, les divers ordres de choses dont chacun forme l'apanage d'une science particulière, et dont la connoissance doit précéder le travail du législateur.

Il ne faut pas confondre cette classe avec les pouvoirs intermédiaires qui, réunis au pouvoir royal, concourent à l'organisation du Gouvernement, et dont on aperçoit l'existence chez presque toutes les nations.

Les Publicistes modernes, sans en excepter Montesquieu, ont cru que, pour le maintien des libertés nationales et la stabilité du Gouvernement, il suffisoit d'établir des pouvoirs intermédiaires qui fissent régner les lois fondamentales de l'État. Ils n'ont pas fait attention qu'indépendamment de ces pouvoirs il doit exister une classe d'individus dont le but toujours réel, quoique presque toujours caché, est d'épurer le vœu général, de le faire reposer sur des notions saines, sur des idées justes, sur des connoissances approfondies, de substituer la force des lumières à la force de cet aveugle instinct, de ce désir vague de bonheur qui dirige la volonté générale.

Aussi, faute d'avoir fait cette distinction, Montesquieu, dans son chapitre intitulé : *De la Constitution d'Angleterre*, ne dit sur le Gouvernement représentatif que les choses les moins essentielles. Uniquement occupé des pouvoirs qui le composent, il en examine l'équilibre, la pondération; et il ne porte pas son esprit sur cette classe intermédiaire qui conserve le dépôt des connoissances humaines.

Ce dépôt est la source de la législation : c'est dans cette source intarissable que se trouvent les motifs de toutes les lois; et celles qui en émanent satisfont à tous les besoins, concilient tous les intérêts, statuent sur les véritables rapports sociaux. Elles sont donc conformes à la volonté générale, puisque le peuple ne veut que son bonheur; et le Gouvernement qui n'agit que d'après elle, est assuré d'obtenir l'approbation publique, hors de laquelle les lois sont sans force et les rois sans pouvoir.

CHAPITRE IV.

Des pouvoirs dont se compose le Gouvernement Représentatif, et de la manière dont ils se rattachent tous au principe de la raison publique.

Nous venons de dire que chez presque toutes les nations on voit des pouvoirs intermédiaires qui s'unissent à celui du chef, et dont les attributions sont déterminées soit par la nature des choses, soit par la loi.

Mais on a tort de penser qu'il suffise de constituer ces divers pouvoirs, de les pondérer, de les balancer entre eux. La doctrine des Publicistes sur la pondération des pouvoirs n'est qu'une illusion trompeuse; c'est un démenti que la théorie donne à l'expérience.

Cependant les raisonnemens qui servent de base à cette doctrine ont quelque chose de spécieux. En effet, l'expérience atteste que par-tout où il existe un pouvoir, ce pouvoir cherche à sortir de ses limites naturelles, et à s'étendre jusqu'à ce qu'il trouve une digue pour l'arrêter. Or, comment éviter un pareil abus? On l'évitera, répondent les Publicistes, si l'on arrête le pouvoir par le pouvoir, si l'on organise ces divers pouvoirs de manière à ce que chacun d'eux arrête par son *veto* celui qui chercheroit à renverser les autres et à régner sur leurs débris.

Sans doute si les faits s'accordoient avec la théorie, si l'on pouvoit ainsi arrêter le pouvoir par le pouvoir, cette doctrine seroit la sauve-garde des libertés nationales, le gage de la tranquillité publique et de la sûreté du Gouvernement. Mais il n'en est pas ainsi. Chacun de ces pouvoirs a des prétentions qui lui sont propres, un esprit qui le porte sans cesse à étendre son influence ; chacun d'eux vit, pour ainsi dire, de sa propre vie : et tant que la politique ne considère un Gouvernement que comme une machine à pouvoirs, elle a beau les pondérer, les balancer entre eux, elle ne fait qu'exciter leurs prétentions rivales, et retracer le spectacle du combat des élémens.

Le chef-d'œuvre de la politique consiste à séparer les pouvoirs et à les unir. Or, ce chef-d'œuvre est celui que nous offre le Gouvernement représentatif; et il ne parvient à ce phénomène que parce que les divers pouvoirs dont il se compose, reposent tous sur un principe qui leur sert de base et de mobile; je veux dire la raison publique, dont la classe intermédiaire est tout à la fois propagatrice et dépositaire.

Nous allons, dans ce chapitre et dans le chapitre suivant, faire voir que cette raison publique est la source de toute bonne législation, et qu'elle détermine la nature et les relations des pouvoirs dont l'ensemble forme la Constitution représentative.

Mais pour montrer qu'elle est la source de toute bonne législation, il faut commencer par fixer d'une manière invariable l'idée que nous devons nous former de la loi. Nous déterminerons ensuite la nature des pouvoirs qui sont établis pour la faire régner.

Que faut-il faire pour se former une idée de la loi? remonter des effets à la cause. Quels sont ses effets? il n'est pas difficile de les décrire; tout le monde les aperçoit.

S'applique-t-elle aux relations naturelles et sociales qui existent entre les individus? elle consolide ces divers rapports, en soumettant à des règles fixes et invariables les effets produits par eux. Se rapporte-t-elle aux pouvoirs qui constituent le Gouvernement? elle en régularise l'action et la rend favorable au bonheur des peuples. Veille-t-elle au maintien de nos droits? elle en règle l'exercice de manière à ce que chaque individu puisse jouir des siens sans blesser ceux des autres. S'étend-elle aux besoins généraux de la société et aux besoins particuliers de chacun de ses membres? elle détermine les moyens d'y satisfaire par de sages dispositions. Enfin, veut-elle empêcher les attentats du crime et les efforts des passions? elle régularise nos actions en fixant les bornes qu'elles ne doivent jamais dépasser.

Ainsi donc, la loi est une règle destinée à maintenir l'ordre dans le corps social et à en prévenir les altérations. Par elle, les passions humaines sont enchaînées, et leurs mouvemens désordonnés cèdent à la voix de la raison. Or, c'est par ses dispositions, c'est par son texte qu'elle arrive à de pareils résultats.

Mais, pour arriver à ces résultats, il faut que ses dispositions soient précédées de la connoissance approfondie des objets auxquels elles s'appliquent. Ce sont ces objets sur lesquels le législateur doit statuer; ce sont ces objets qui forment autant de sciences particulières ou de branches de législation, qui, tour-à-tour sous le nom de droit politique, droit civil, droit criminel, sous celui d'économie politique, et sous tant d'autres qu'il est inutile de rapporter, attirent l'attention des hommes d'Etat et fixent leur sollicitude.

Il existe donc, indépendamment des dispositions de la loi, un corps de doctrine où le Législateur va puiser; et ce corps de doctrine embrasse les diverses branches de la science de la législation. C'est ce corps de doctrine qui fournit à la loi les motifs de son texte, et qui constitue son esprit. Aussi toutes les fois que ses dispositions sont obscures ou qu'elles ne s'étendent pas à tous les cas particuliers, on remonte jusqu'au principe de l'objet auquel ces dispositions s'appliquent, on en examine les élémens, on en observe la composition, et l'on interprète le texte par les motifs.

Chose étonnante! c'est sur cette distinction entre le texte et les motifs des lois, entre ses dispositions et la doctrine qui en forme la partie invisible, que repose tout

l'artifice du Gouvernement représentatif;
c'est de cette distinction que dépend l'organisation des pouvoirs dont il se compose.

Tout, dans l'état social, se rapporte à la
loi. Les diverses branches de la législation
se lient à toutes les autres sciences, et reçoivent d'elles un tribut qui augmente leurs
richesses et étend leur domaine. Destinée à
satisfaire les besoins physiques et moraux,
à concilier les intérêts, à maintenir les droits
et les obligations des individus, la législation
est une science de tous les temps et de tous
les lieux; elle est la plus usuelle comme elle
est la plus sublime. Réunie aux autres sciences, qui se groupent autour d'elle pour lui
prêter leur appui, elle s'élève au sommet
de l'édifice des connoissances humaines, et
par ses ramifications en embrasse toutes les
parties.

Mais, d'un autre côté, nous avons dit plus
haut que la volonté générale prend le nom
de raison publique lorsqu'elle est éclairée
par la connoissance des intérêts nationaux
et des objets qui s'y rattachent. Or, la législation consiste dans la connoissance de ces
intérêts et de ces objets; elle n'est donc autre
chose que la raison publique.

Puisqu'il en est ainsi, puisque la législation réunie aux autres sciences qui lui prêtent leur appui, constitue la raison publique, c'est à la classe intermédiaire que le dépôt en est confié. En effet, c'est cette classe qui est dépositaire de la partie invisible des lois, de cette partie que le vulgaire n'aperçoit pas, et dont il n'éprouve que les résultats et les bienfaits; de cette partie qui consiste dans la connoissance des divers ordres de choses auxquels tiennent nos droits, nos obligations, ou, pour le dire en un mot, notre existence sociale; de cette partie enfin qui, transmise d'âge en âge, forme la doctrine des siècles et recèle les motifs de toutes les lois.

Mais ce dépôt de législation, cette raison publique dont la classe intermédiaire est dépositaire, ne seroit qu'un objet de spéculation, et n'intéresseroit point le bonheur des hommes, si l'on n'en répandoit jamais les émanations sur les classes livrées aux divers travaux de la société. Elle manqueroit de sanction, si l'on n'en appliquoit les règles universelles aux droits, aux actions et aux besoins généraux des membres de la société.

Or, c'est le *Pouvoir législatif* qui applique

ces règles. La classe intermédiaire lui fournit les motifs de son texte, et lui présente le
trésor de la science; il puise à cette source
de doctrine et de félicité, et par les dispositions de ses lois il étend les règles universelles de la raison publique à tous les individus, et fait participer toutes les classes au
bienfait de la loi.

Le premier pouvoir qui se présente est
donc le pouvoir législatif; et nous voyons
clairement que, par la nature de ses attributions, il dépend de la classe intermédiaire.
En effet, comme cette classe est dépositaire
de la partie invisible des lois, de celle qui
constitue la raison publique, il s'ensuit que
le pouvoir législatif est obligé d'avoir recours
à ses lumières, et d'emprunter d'elle les motifs de ses dispositions. S'il néglige de puiser
à cette abondante source, les lois qui émanent de lui n'étant pas fondées sur les véritables rapports sociaux, sur les besoins réels
de la société, en ébranlent les fondemens et
en préparent la ruine.

Jusqu'à présent nous avons considéré les
choses comme si les passions n'en dérangeoient jamais l'ordre naturel. Nous avons
vu s'établir une classe intermédiaire dont le

but est de déterminer le vœu de la nation, et de transformer l'opinion en raison publique; et nous avons reconnu la nécessité d'un pouvoir législatif pour en appliquer les règles aux besoins généraux des individus.

Mais les passions veillent, et l'ordre social est sans cesse menacé par elles. Il faut donc trouver les moyens d'en paralyser les efforts, de maintenir l'organisation des pouvoirs dans un état favorable au bonheur des peuples, et d'élever le principe de la raison publique au-dessus de toutes les prétentions et de tous les préjugés.

Quels sont-ils les moyens? qui peut forcer le pouvoir législatif de puiser dans la source des vraies lumières les motifs de ses dispositions? qui le dégagera des passions humaines qui tendent sans cesse à obscurcir notre raison et à corrompre notre sagesse? qui pourra enfin l'enchaîner au bien général?

Pour produire de pareils résultats, deux conditions sont nécessaires : il faut, 1° que les membres du Corps législatif soient dirigés par l'amour de l'ordre; 2° qu'ils n'aient pas l'esprit de corps.

Il n'en est pas des sciences morales comme des sciences physiques, où l'observateur, appuyé sur des phénomènes qui frappent ses regards, est, si je puis m'exprimer ainsi, presque toujours conduit par ses yeux. Dans la législation et dans les autres sciences morales, tout est enchaîné par une foule de rapports qui se lient entre eux par les lois de cette harmonie générale à laquelle préside une intelligence divine. Pour apercevoir ces rapports, il faut les sentir; et pour les sentir, il faut tenir soi-même à cet ordre général, dont les passions cherchent sans cesse à nous détacher; il faut faire partie du monde moral, être soumis aux lois éternelles qui le régissent, et lié à son existence par les rapports mêmes dont on veut connoître l'ensemble et l'enchaînement. Or, l'homme dont le vice a perverti le cœur ne tient plus à l'ordre moral par aucun lien : détaché du grand tout, il ne participe plus au principe de vie qui en dirige les ressorts; il vit d'une vie particulière, ou plutôt c'est un cadavre qui, par les poisons qu'il exhale, corrompt les membres de la société.

On ne sauroit élever la voix trop haut pour faire retentir par-tout que c'est dans la vertu qu'est le germe des vraies connoissances; qu'on ne peut acquérir des notions exactes et faire des progrès dans les sciences morales qu'autant qu'on aime l'ordre, qu'on tient à l'ordre. Les temps de corruption sont les temps des grandes erreurs, la vertu conduit à la vérité; et les Philosophes anciens avoient creusé les choses plus profondément que nous, lorsqu'ils ont dit que la philosophie étoit l'amour de la sagesse.

Nous le voyons clairement; les membres du Corps législatif ne peuvent acquérir des notions exactes et faire une juste application des règles de la raison publique, qu'autant qu'ils ont l'amour de l'ordre. Où sont les garanties de cet amour? elles sont dans les propriétés qu'ils possèdent, dans l'intérêt particulier qu'ils ont au maintien de l'ordre public.

Mais ce seroit vainement que les membres du Corps législatif auroient l'amour de l'ordre, et que cet amour seroit garanti par des propriétés, si l'esprit de corps s'introduisoit parmi eux.

L'esprit de corps empêche que l'on n'approfondisse les principes de la législation : que l'on n'aperçoive les vrais rapports sur lesquels les lois statuent; que l'on ne connoisse les besoins réels de la société, et les intérêts qui en résultent.

En effet, comme une science n'existe qu'autant que l'on considère un objet en lui-même, qu'on en examine le principe et les élémens, il s'ensuit que l'objet sur lequel le Législateur statue est un être purement abstrait; que ses dispositions ne s'appliquent ni à un droit personnel à un individu, ni à un besoin particulier, ni à un intérêt individuel; qu'elles embrassent la totalité des droits, des obligations, des besoins et des actions humaines; que par conséquent la loi considère chacun de ces objets en lui-même et abstraction faite des individus auxquels il se rapporte.

Puisqu'il en est ainsi, il faut donc que le législateur généralise ses vues : et comment pourra-t-il le faire, s'il est dirigé par l'esprit de corps? ne sait-on pas que cet esprit subordonne tout à un but particulier? qu'il ramène tout à un plan factice? que ce plan n'est jamais conforme à l'ordre naturel dans lequel se présentent les droits, les obligations, les besoins et les intérêts des membres de la société?

Comment éviter que ce funeste esprit de

corps ne domine l'assemblée des législateurs? On l'évitera facilement, si au lieu de rendre le Corps législatif permanent, si au lieu de laisser introduire dans son sein une tradition de principes contraire au bonheur des peuples, on le renouvelle à des époques déterminées par la loi. Alors il rentre dans la classe intermédiaire, pour en ressortir entouré d'une lumière plus pure; et retrempé dans la source même de la législation, il donne au corps social un nouveau principe de vie.

CHAPITRE V.

Suite du Chapitre précédent.

La nécessité de renouveler le Corps législatif donne naissance à un nouveau pouvoir, je veux parler du *Pouvoir électoral*.

Les colléges électoraux sont le pivot du Gouvernement représentatif; c'est sur eux qu'il repose. Ce sont eux, en effet, qui empêchent la permanence des assemblées législatives, dont l'existence est incompatible avec la nature de ce Gouvernement.

Ceux-là se trompent, qui pensent que les principes relatifs aux élections et à la formation des colléges électoraux reposent sur ce qu'on appelle une représentation nationale. Défions-nous de cette fiction de la politique, et ne nous attachons qu'aux réalités.

Les députés d'une nation sont destinés à appliquer aux besoins et aux actions des individus les vrais principes de la législation, les règles de la raison publique. Ce n'est pas sur l'idée d'une représentation nationale qu'est fondé le besoin des élections, mais sur la nécessité de renouveler les députés, sur la nécessité d'empêcher qu'ils ne soient dirigés par l'esprit de corps, sur la nécessité d'appeler à la discussion des lois, des hommes sortis du sein de la classe intermédiaire, et éclairés par la connoissance des rapports sociaux, des besoins et des intérêts de la société.

Or, si cela est ainsi, si les députés d'une nation doivent être des hommes éclairés et amis de l'ordre, il faut que les électeurs qui les nomment puissent, dans les choix qu'ils font, être déterminés par l'amour de l'ordre et le besoin d'une bonne législation. Il faut

donc que les colléges électoraux ne se rapprochent pas trop du vulgaire, dont l'esprit
est sans culture et dont l'ame est accessible
à la voix des passions; que, sous le vain
prétexte d'une représentation nationale, on
ne fasse pas taire la sagesse et dominer la
folie. Il faut enfin que les électeurs soient
des propriétaires éclairés, et uniquement
mus par le besoin de la félicité publique.

Mais, me dira-t-on, vous ne parlez que
des députés; et cependant dans un Gouvernement représentatif le Corps législatif se
compose de deux parties. Dans l'une sont
les Députés de la nation; et dans l'autre ces
hommes que leur rang élève au-dessus de
leurs concitoyens, et qu'on désigne par le
nom de *Pairs*.

Je ne parlerai de cette dernière partie du
Corps législatif, que pour montrer qu'elle
se rattache au principe de la raison publique, et qu'elle est une suite de son existence.

Ceux-là n'ont pas vu la vraie raison des
choses, qui ne considèrent dans la Chambre des Pairs qu'un pouvoir modérateur et
héréditaire, destiné à prévenir le bouleversement de l'ordre social en empêchant la

confusion des pouvoirs. Elle a un but plus noble encore, une destination plus sublime.

Comme dans chaque société, des hommes s'élèvent au-dessus des autres par le rang qu'ils occupent; que dans leur marche ambitieuse ils s'élèvent au-dessus des lois et les foulent aux pieds; que le sort des peuples est trop souvent livré aux passions qui les animent, on a pensé que, pour prévenir les funestes et inévitables résultats de leur ascension toujours croissante, il falloit les faire reposer au sommet des honneurs, les intéresser tour-à-tour à la conservation de leurs prérogatives et à la discussion des lois, et faire tourner au profit de la législation et de la félicité publique, ce qui, dans les autres Gouvernemens, en prépare la ruine. Tels sont les motifs qui d'une Chambre des Pairs ont fait un des principaux élémens de la Constitution représentative.

Ainsi donc, dans cette Constitution tout se rattache au principe de la raison publique; et les deux branches du pouvoir législatif ne sont établies que pour en appliquer les règles.

Voyons si les autres pouvoirs dépendent aussi de ce principe, et examinons celui

que les Publicistes appellent *Pouvoir exécutif.*

Mais puisque ce pouvoir est destiné à
faire exécuter les lois, puisque les lois ne
sont que les règles de la raison publique,
il est évident que son existence se rattache
au principe du Gouvernement représentatif;
et la nature de ses fonctions se trouve dans
sa dénomination même.

Arrêtons-nous un moment. Dans cette matière, de graves erreurs sont à côté de la vérité : ces erreurs ont égaré de grands génies,
et plongé la nation française dans un laby-
rinthe inextricable, dont Buonaparte n'a pu
la faire sortir qu'en creusant à sa place l'a-
bîme où sont venues s'engloutir ses libertés.

Les législateurs de la France, persuadés
que le pouvoir exécutif étoit exclusivement
chargé de l'exécution des lois, ont mis en
pratique cette erreur de la théorie, et l'on
a vu dans le cours de notre sanglante révolution, une Constitution où d'un côté
l'on présentoit un Corps législatif par-
tagé en Conseil des Anciens et Conseil des
Cinq-cents, revêtu de la puissance législative; et de l'autre, un pouvoir exécutif sous
le nom de Directoire, subordonné aux deux

Conseils, et chargé uniquement de faire exécuter les lois.

Cette erreur vient de ce que l'on n'a vu dans le pouvoir exécutif qu'une de ses attributions, que celle par laquelle il veille à l'exécution des lois. Mais il ne falloit pas le morceler ainsi : il falloit le considérer dans son ensemble et dans le jeu de tous ses ressorts.

La réunion des pouvoirs qu'offre la Constitution d'un Etat forme le Gouvernement. Mais au milieu de ces pouvoirs il en est un qui, dans le vaisseau de l'Etat, tient la place du pilote; et c'est le pouvoir exécutif. Si l'on s'en tenoit strictement à cette dernière dénomination, on ne verroit en lui qu'une attribution subordonnée et dépendante de celles du Corps législatif; mais il n'en est pas ainsi. Ce pouvoir est en outre le premier moteur; il imprime le mouvement à tous les autres, et tous les autres lui obéissent.

Voilà donc deux attributions dans le pouvoir exécutif. Par l'une, il imprime le mouvement à tous les pouvoirs, il met en jeu toutes les parties de la Constitution. Par l'autre, il fait exécuter les lois. S'il n'en étoit ainsi, si l'un des pouvoirs n'étoit pas le premier moteur, tous les mouvemens du corps politique seroient irréguliers, la marche des pouvoirs incertaine; et l'harmonie feroit place au désordre et à l'anarchie.

Mais de même qu'il est nécessaire qu'un premier moteur imprime le mouvement aux autres pouvoirs, il est nécessaire que ce premier moteur soit seul, soit *un*. Cette attribution ne peut être partagée; elle doit être confiée au chef de l'Etat, et c'est elle qui constitue la Royauté. En effet, si elle étoit partagée, le défaut de concert résulteroit bientôt de ce partage; le mouvement ne seroit plus imprimé que d'une manière incertaine, et le principe d'action ne seroit nulle part.

Considéré sous ces deux points de vue, comme premier moteur, et comme chargé de l'exécution des lois, le pouvoir exécutif constitue le Gouvernement proprement dit.

Comme premier moteur, il se réduit à l'unité, se concentre dans les mains d'un chef et prend le nom de Royauté. Comme premier moteur, il est au-dessus de tous les pouvoirs, et son existence est indépendante de la leur. Comme premier moteur, il imprime le mouvement et ne le reçoit pas; il

est inaccessible à toutes les atteintes, et nécessaire au maintien de la Constitution. Or,
puisqu'il en est ainsi, puisque le premier
moteur est indépendant de tous les autres
pouvoirs, aucun d'eux ne peut s'élever au-
dessus de lui, aucun d'eux ne peut le renverser. Le chef de l'Etat, chargé d'imprimer
le mouvement au corps politique, est donc
inviolable et sacré.

Considéré dans ses deux attributs, le pouvoir exécutif, avons-nous dit, constitue le
Gouvernement proprement dit. C'est lui qui
gouverne : mais dans une Constitution représentative il ne gouverne que par des lois,
et ses fonctions consistent à faire exécuter
les lois qui existent, et à provoquer la création de celles qui n'existent pas encore et
qui sont nécessaires à son action.

Comme premier moteur, il provoque la
création des lois, il les propose, il en ordonne la discussion. Par l'initiative, il imprime le mouvement aux Chambres assemblées, il réveille, si je puis m'exprimer ainsi,
leurs facultés législatives ; il s'entoure de
toutes les lumières, appelle le concours de
tous les talens, et va puiser dans le dépôt
des connoissances humaines les règles même

de la raison publique, auxquelles il imprime le sceau de son auguste puissance.

L'initiative appartient au chef de l'Etat, parce que ne pouvant gouverner que par la loi, lui seul peut connoître mieux que personne si une loi est nécessaire, et si celles qui existent sont insuffisantes. Il est le juge naturel de la nécessité des lois. Lorsqu'il en propose une, il est censé dire au Corps législatif : « Je ne puis, je ne veux agir qu'appuyé sur la loi. Loin de moi l'arbitraire, ennemi de la justice, et qui effaroucheroit mon peuple. Je ne veux pas statuer sur les intérêts de la société lorsqu'ils n'ont pas été réglés par des dispositions législatives. La loi qui doit les régler n'existe pas encore ; elle est nécessaire pour régulariser ma marche, pour éclairer mon action. Je vous la propose cette loi. Examinons ensemble l'objet auquel elle se rapporte. Réunissez vos lumières aux miennes, et que du concours de nos efforts résultent des règles générales favorables au bonheur de la nation. »

D'un autre côté, il faut considérer que sous un Gouvernement représentatif le pouvoir exécutif partage avec les deux Chambres la puissance législative ; et que par consé-

quent aucune loi ne peut être faite sans son
secours. Or, il ne peut exercer la puissance
législative que par l'initiative. Si cette initiative appartenoit aux Chambres, il ne feroit
que sanctionner la loi; et la sanction des
lois ne constitue pas le pouvoir législatif.
Elle n'est autre chose que l'application de la
force publique à la loi qui vient d'être créée.
Par elle, il ne concourt pas à sa formation; la
loi se fait indépendamment de cette sanction. Pour qu'il exerce la puissance législative, il faut au contraire qu'il concoure à la
formation de la loi, et il ne peut y concourir
qu'en proposant aux Chambres le texte de
la loi; qu'en développant ses motifs au
moyen de la discussion soutenue par les
ministres et autres agens de l'autorité.

Deux choses sont à remarquer dans l'initiative royale, 1° la proposition de la loi, ou
l'exposé de son texte ; 2° le développement
de ses motifs, ou la discussion soutenue par
les ministres. En France, où ces deux choses
se remarquent, la Constitutionest plus conforme à la nature du Gouvernement représentatif qu'en Angleterre, où les Chambres
ont aussi l'initiative.

Ainsi donc, le pouvoir exécutif a l'initiative des lois, parce que ne gouvernant que par elles, il juge mieux que personne si ces lois lui sont nécessaires, et que d'un autre côté il ne peut exercer que par cette initiative la puissance législative que lui confère la Constitution.

On dira peut-être que si l'on refuse aux deux Chambres l'initiative des lois, on arrêtera le mouvement de l'esprit humain et les progrès de la législation; que sous un roi fainéant le Gouvernement s'endormira et laissera, d'une main débile, flotter les rênes de l'Etat.

Mais on ne fait pas attention que sous un Gouvernement représentatif la raison publique veille; que le pouvoir exécutif ne peut faire un pas sans être appuyé sur la loi; que, s'il veut se passer de son secours, il marche d'écueil en écueil, et finit par se briser contre *l'opinion* irritée; que si au contraire il la prend pour guide, l'approbation publique l'accompagne dans tous ses actes, l'encourage dans tous ses efforts; que dans sa main la loi devient pour lui le levier d'Archimède, et lui donne la force d'Atlas pour soutenir le fardeau du Gouvernement.

S'il est vrai que sous un Gouvernement

représentatif le pouvoir exécutif ne puisse se passer du secours de la loi, on peut affirmer, sans craindre d'être démenti, que toutes les fois qu'elle lui sera nécessaire il en provoquera la création, et ne voudra pas s'exposer aux dangers de l'arbitraire. Laissons à ce Gouvernement le temps de jeter de profondes racines, et ne craignons pas que le pouvoir exécutif cherche à secouer le joug de la loi. Il saura bientôt que sa force et sa foiblesse dépendent de sa conduite ; qu'il est foible sans la loi, et qu'il est fort avec elle.

Ce que nous venons de dire fait connoître le mécanisme de la puissance législative. Cette puissance est partagée par le pouvoir exécutif et les deux Chambres. Le premier l'exerce en proposant le texte de la loi, en développant ses motifs au moyen de la discussion soutenue par les ministres. Les autres l'exercent à leur tour par la discussion ou par le rejet des lois contraires aux véritables rapports sociaux, aux intérêts réels de la société, ou, pour tout dire en un seul mot, à la raison publique. Elles l'exercent encore par l'amendement des dispositions de la loi qui ne seroient pas conformes à la nature des choses.

Le pouvoir exécutif et les deux Chambres ne sont pas des pouvoirs rivaux qui s'observent, se mesurent de l'œil. Ils ont au contraire le même but et la même destination. Or donc s'ils ont la même destination, le même but, le même intérêt, quelle misérable manie de les présenter sans cesse comme des pouvoirs rivaux! Que signifient ces chimériques distinctions du pouvoir aristocratique et du pouvoir démocratique, représentés, le premier par la Chambre des Pairs et le second par celle des Députés? Pourquoi rendre les Députés les organes exclusifs de l'opinion populaire? Est - ce que les Pairs ne sont pas aussi bien qu'eux les organes de l'opinion publique éclairée par la connoissance des intérêts nationaux? Est-ce que le pouvoir exécutif, lorsqu'il exerce sa puissance législative ou qu'il veille à l'exécution des lois, peut être dirigé par un autre mobile? Non, on ne peut établir de distinction là où existe le même but. Dans le Gouvernement représentatif tous les pouvoirs sont dirigés par le même principe, par celui de la raison publique; tous sont destinés à en appliquer les règles aux différentes classes de la société. Qu'à cet égard on ne mette

donc aucune différence entre eux. Les Pairs
et les Députés sont les uns comme les autres
les législateurs de la Nation; et dans le sein
de la pairie l'ambition vient se reposer de
sa turbulente inquiétude pour créer ces lois
bienfaisantes qui vont porter la vie dans
toutes les parties du corps social.

Jusqu'à présent nous avons vu le pouvoir
exécutif exercer sa puissance législative.
Nous allons le considérer maintenant lorsqu'il veille à l'exécution des lois.

Comme dans une Constitution représentative tout se rapporte à la loi, que le pouvoir exécutif ne gouverne que par elle, que
la raison publique, source de toutes les lois,
est le principe de ce Gouvernement, il est
clair que dans son action le pouvoir exécutif ne peut les enfreindre; et que s'il les viole
il est responsable de cette violation.

Ce n'est pas comme premier moteur qu'il
est responsable, puisqu'alors il est inviolable et sacré; c'est donc comme chargé
de l'exécution des lois, et la responsabilité
pèse sur les ministres et autres agens de
l'autorité revêtus de cette dernière attribution du pouvoir exécutif.

La responsabilité des ministres offre un

problême à résoudre. Il s'agit de savoir comment il se fait que les ministres soient responsables lorsque les ordonnances rendues par le Souverain pour l'exécution des lois sont l'expression de sa volonté. Il s'agit de concilier le respect dû au Monarque dont émanent ces ordonnances avec la responsabilité des ministres.

Pour éluder ces difficultés, des écrivains téméraires ont distingué le pouvoir royal du pouvoir ministériel, ont regardé les ordonnances comme l'ouvrage des ministres et affaibli l'autorité en enlevant à ses actes le sceau de la volonté royale qui fait toute leur force.

Où peut conduire une pareille doctrine? à la licence et à l'anarchie. Quoi! le plus obscur villageois peut, en mettant son nom au bas d'un testament ou d'une simple quittance, faire de cet acte un monument de sa volonté; et l'auguste nom du Monarque apposé au bas d'une ordonnance ne peut produire un semblable effet! Que veulent donc ces écrivains qui, par un respect mal entendu pour la majesté des rois, inventent une fiction pour leur lier les mains? Ne voient-ils pas que si le peuple adopte leur doctrine, que s'il est convaincu que les ordonnances royales ne sont que des actes ministériels, elles deviendront sans force et sans vigueur? ne voient-ils pas que lorsqu'elles ne seront plus soutenues par le respect qu'inspire le nom du Souverain, les plus sages seront confondues avec les plus mauvaises? Que les rois ne les signeront que pour les abandonner au mépris et à la risée des nations? Que feront-ils alors de ces rois infaillibles dont ils ont annullé la volonté en la divisant? Veulent-ils les faire reposer au sein d'une éternelle nullité? et prétendent-ils nous les représenter comme ces dieux d'Epicure qui, tranquilles au haut des cieux, laissoient les atomes s'accrocher entre eux à la merci du hasard?

Pour renverser ces dangereuses théories, il suffit d'examiner les choses dans leurs vrais principes, et de soumettre la responsabilité des ministres aux lois d'une bonne analyse.

D'abord il faut examiner les différens cas où s'applique la responsabilité des fonctionnaires en général, et nous examinerons ensuite celle des ministres en particulier.

Le Roi, comme premier moteur, imprime

le mouvement au corps politique. Soit qu'on le considère dans ses rapports avec les Chambres législatives, il met en jeu leur action, les convoque, leur propose les lois, les proroge et les dissout. Soit qu'on l'envisage dans ses relations avec son peuple, il répand sur eux les bienfaits d'une sage administration en confiant à des fonctionnaires, choisis par lui, le soin de leurs intérêts. De lui émanent tous les mouvemens, tous les ordres ; il est dans le corps social le principe d'action, et rien ne se meut que par l'impulsion qu'il imprime.

Comme principe d'action, il est nécessaire à la Constitution, et par conséquent est hors de toute responsabilité ? Comme principe d'action, il dispose toutes les parties du Gouvernement, confère toutes les fonctions, nomme à toutes les places.

Les fonctionnaires nommés par lui sont responsables de leurs actions, toutes les fois que dans l'application de la loi, ces actions attaquent la société en blessant les droits sacrés des citoyens. Mais là se borne et doit se borner la responsabilité.

C'est pour le maintien de nos droits que les lois sont établies; et ces droits se réduisent à deux principaux : au droit de propriété et à celui de liberté. Tous les autres ne sont que des modifications de ces deux là. Or, tous les citoyens sont appelés par le Créateur à la jouissance de leurs droits ; et comme ces droits ne peuvent être maintenus qu'autant que chaque individu, quelque soit le rang qu'il occupe, respecte ceux de ses semblables, il s'ensuit que c'est sur la nécessité du respect mutuel de nos droits que reposent toutes les obligations civiles.

Les fonctionnaires de l'Etat sont, comme les plus simples particuliers, soumis à ce respect, sans lequel il ne peut exister ni lois, ni ordre social. S'ils foulent aux pieds ces droits sacrés, ils attaquent la société dans ses fondemens, et sont coupables du crime que les Publicistes appellent *forfaiture*.

Mais pour que ce crime existe, il faut que des circonstances du fait, il résulte l'intention manifeste de violer le droit de propriété et celui de liberté ; ce n'est pas d'une interprétation erronnée, ce n'est pas d'une fausse application de la loi que résulte cette intention : elle ressort toute entière de ces actions qui ne laissent aucun doute sur le motif qui les a fait naître, et qui ne tirent pas leur source des différens points de vue, sous lesquels les lois sont envisagées par ceux qui les appliquent.

Lorsqu'un fonctionnaire public fait arrêter un individu qui n'est prévenu d'aucun délit, lorsqu'il méprise ces formes lentes et solennelles qui, mettant un frein à la passion, sont la garantie de la liberté des citoyens, on ne peut dire qu'il s'est trompé dans l'application de la loi, puisqu'il ne l'a point prise pour guide, et qu'il a arbitrairement agi. Lorsqu'il consacre les deniers publics à ses besoins particuliers, et les détourne de la destination que leur donne la loi, on ne peut dire qu'il se trompe dans l'application de cette loi, puisque les principes les plus simples de la morale lui traçoient la conduite qu'il devoit tenir. Lorsqu'enfin un juge s'immisce dans les matières administratives en faisant des règlemens, et qu'il s'oppose à l'exécution des ordres de l'administration, ose-t-il prétendre qu'il a mal appliqué la loi ? ose-t-il par-là justifier son intention ?

Règle générale. Toutes les fois que l'application de la loi offre un point contentieux et présente une question à résoudre, le fonctionnaire qui lèse les droits des particuliers par une fausse interprétation, n'est coupable d'aucun délit. Mais lorsqu'il sort de la loi, et que par des actes arbitraires il viole les droits des citoyens, la société s'arme contre lui du glaive de la justice, et le punit de ses attentats.

Ainsi donc les fonctionnaires sont responsables de leurs actions, lorsque, dans son application, la loi ne présente, ni point contentieux, ni question à résoudre, ni difficulté à surmonter, et que par ces actions ils violent les droits des citoyens. Or, cette violation se fait de deux manières; d'une manière directe, et d'une manière indirecte.

Cette violation est directe, lorque les fonctionnaires blessent, par des actes arbitraires, le droit de liberté et celui de propriété. Elle est indirecte, lorsqu'ils attaquent les institutions protectrices de ces droits. Par la loi fondamentale de l'Etat et les dispositions législatives qui la développent, ces droits sont reconnus et consacrés, puisque chaque citoyen ne peut être arrêté que dans les formes et les cas déterminés par elles, puisque personne ne peut être privé de sa propriété, hors le cas d'intérêt public légale-

ment constaté et sans une indemnité préa-
lable, puisque la voix de chaque citoyen
peut se faire librement entendre, puisqu'enfin ces droits étant inhérens à la nature de
chaque individu en particulier, aucun privilége ne peut détruire l'égalité devant la
loi. Or le fonctionnaire qui viole des droits
si solennellement proclamés, est coupable
de forfaiture; et quel que soit le rang qu'il
occupe, qu'il soit ministre ou agent subal-
terne de l'autorité, il ne peut échapper au
châtiment qui le menace.

Mais, comme nous l'avons déjà dit, ces
droits sont protégés par des institutions à
l'ombre desquelles ils se soutiennent contre
les attentats des passions. C'est pour le maintien de ces droits que l'ordre judiciaire est
établi et que l'inviolabilité des juges garantit
l'indépendance de leurs opinions; c'est pour
le maintien de ces droits que les attributions
des divers pouvoirs sont séparées, et qu'il
leur est défendu d'empiéter les uns sur les
autres; c'est pour le maintien de ces droits
que les Chambres législatives sont, à des
époques périodiques, appelées à la défense
des intérêts nationaux et à la discussion des
lois; et le fonctionnaire qui attaque ces ins-

titutions est encore coupable de forfaiture, puisqu'il viole par là d'une manière indirecte les droits des citoyens, pour le maintien desquels elles sont établies. Ces exemples nous suffisent pour montrer que la responsabilité des fonctionnaires, s'applique au cas où ils violent les dispositions de la loi fondamentale, de cette loi par laquelle sont consacrés les droits des citoyens, et sont fondées les institutions qui les protégent. Là se borne la responsabilité, et là se trouvent toutes les garanties.

Jusqu'à présent nous avons parlé de la responsabilité des fonctionnaires en général. Il ne nous reste plus qu'à parler de celle des Ministres en particulier.

Mais comme les Ministres sont eux-mêmes fonctionnaires, tout ce que nous avons dit sur la responsabilité leur est applicable ; et la seule différence qui existe entre eux et les autres fonctionnaires, c'est que les actes qui émanent du Roi, sont revêtus de leur signature.

Doivent-ils être responsables des actes ou ordonnances du Roi? et ne peut-on pas dire que la volonté royale, dont ces ordonnances sont l'expression, forme une force majeure à laquelle ils ne peuvent résister, ce qui met leur responsabilité à l'abri de tous les dangers?

Voilà le problème qu'il s'agit de résoudre. Pour en donner la solution et accorder la responsabilité des Ministres avec le respect dû à la volonté royale, nous nous garderons bien d'annuller cette volonté, et de présenter les ordonnances du Roi comme des actes purement ministériels.

Nous avons déjà dit que le Roi est dans la société le principe d'action d'où émane le mouvement, de lui partent tous les ordres; et soit que par l'initiative des lois il éveille les facultés législatives des Chambres assemblées, soit que par des ordonnances il veille à l'exécution de la loi, et règle les divers objets que n'a pu embrasser la généralité de ses expressions, c'est toujours sa volonté suprême qui préside à tout.

Mais le Roi ne peut régler les divers objets de l'administration publique, ou, en d'autres termes, il ne peut rendre des ordonnances qu'autant qu'on lui fait connoître ces divers objets, qu'on lui en présente un tableau fidèle. Or, qui est-ce qui lui trace ce tableau? Ce sont les Ministres; le Roi n'exprime sa volonté, et ne rend son ordonnance qu'à la

4*

suite d'un rapport ministériel. C'est donc à
cause de ce rapport que le Ministre est responsable ; et lorsqu'il accepte les fonctions
qui lui sont dévolues, il contracte envers son
Prince et son pays l'obligation de ne pas
tromper l'un et l'autre par des rapports fal-
lacieux.

Ainsi l'on doit considérer deux choses
dans une ordonnance du Roi. La volonté
royale, dont cette ordonnance est l'expression, et le rapport ministériel en vertu duquel elle est rendue. L'ordonnance est l'œuvre du Monarque ; le rapport est l'ouvrage
du Ministre ; c'est lui qui entraîne la responsabilité : et cela doit être ainsi, puisqu'il
est la cause occasionnelle de l'ordonnance,
qui sans lui n'existeroit pas. C'est pour avoir
confondu ces deux choses si différentes l'une
de l'autre, que par respect pour le Roi, on
a, par des doctrines erronnées, annullé sa
volonté et compromis son pouvoir.

Mais, nous le répétons, qu'il s'agisse des
ordonnances royales ou des actes particuliers des Ministres, la responsabilité ne
peut s'appliquer à tout : elle doit au contraire être rigoureusement renfermée dans
ses limites naturelles.

Nous sommes loin de penser, ainsi que le font quelques personnes, qu'il soit nécessaire de laisser dans cette matière une sorte de vague favorable, disent-elles, à l'intérêt public; et nous prions le lecteur de faire attention que la responsabilité s'applique à un crime, à celui que l'on désigne sous le nom de *forfaiture*; et qu'il est de principe que les crimes et délits doivent être clairement définis, et classés avec la plus scrupuleuse précision.

Loin de commander ce vague, ami de l'arbitraire, que repousse une législation régulière, l'intérêt public commande au contraire que chacun des pouvoirs de la société soit libre dans ses mouvemens, et que les attributions respectives de ces divers pouvoirs soient distinctes les unes des autres, de manière qu'elles ne puissent se confondre. Or, si la responsabilité des Ministres n'étoit pas restreinte au cas où elle doit naturellement s'appliquer; si la Chambre des Députés pouvoit les accuser, et celle des Pairs les juger pour des faits que la loi n'auroit pas prévus; si enfin cette matière étoit abandonnée au vague et à l'arbitraire; je le demande: le pouvoir législatif n'empiéteroit-il pas sans

cesse sur les attributions du pouvoir exécutif? Et ne tomberions-nous pas dans cette
confusion de pouvoirs qui entraîne l'anarchie, qui prépare le despotisme, et que nous
devons repousser comme le tombeau de nos
libertés?

Il faut en revenir à cette règle que j'ai tracée plus haut, et que je prie le lecteur de ne
pas perdre de vue. Les fonctionnaires (et
dans ce mot je comprends les Ministres)
sont responsables de leurs actions, lorsque,
dans son application, la loi ne présente ni
point contentieux, ni question à résoudre,
ni difficultés à surmonter, et que par ces
actions ils violent les droits consacrés par la
loi fondamentale, et attaquent les institutions protectrices de ces droits. Cette règle
doit nous servir de guide dans cette matière.
Elle concilie le respect dû aux droits des citoyens, et la liberté que les Ministres doivent avoir dans leurs opérations.

Ce seroit vainement qu'un Ministre coupable d'attentat à la liberté individuelle et à
la propriété des citoyens, chercheroit à se
retrancher derrière la volonté royale. Cette
excuse seroit un outrage à la majesté du
Monarque; et l'on pourroit répondre à ce

Ministre : « Vous avez contracté l'obligation de faire connoître au Roi la vérité, de lui présenter un fidèle tableau des objets sur lesquels il doit statuer ; et loin de remplir ce devoir sacré, vous trompez sa religion ; vous abusez de son auguste confiance. La volonté royale est toujours droite, toujours dirigée vers le bien. C'est vous qui, par d'infidèles rapports, la faites pencher vers le mal. Traître envers votre Roi que vous trompez, vous l'êtes envers la nation dont la cause est celle du Monarque ; et le Corps législatif, défenseur des intérêts nationaux et de la dignité de la Couronne, se prépare à punir votre forfaiture, à dévoiler votre félonie. »

CHAPITRE VI.

Des moyens que présente le Gouvernement représentatif pour soutenir et fortifier le principe de la Raison publique.

Ces moyens sont au nombre de trois : 1° la liberté de la presse ; 2° la publicité des délibérations des deux Chambres; 3° le droit de pétition.

Commençons par la liberté de la presse.

S'il est vrai, comme nous l'avons précédemment développé, que la volonté générale ne puisse se transformer en raison publique qu'autant qu'il existe une classe dépositaire et propagatrice des lumières; s'il est vrai que cette classe fournisse à la puissance législative les motifs de ses lois; s'il est vrai que ces lois ne soient favorables aux véritables intérêts de la nation qu'autant qu'elles ont été puisées dans le dépôt des connoissances humaines: on peut consacrer en principe que la liberté de la presse est un des élémens du Gouvernement représentatif. Sans cette liberté la classe intermédiaire ne peut se maintenir; et la raison publique ne peut surnager au-dessus des préjugés nationaux ou des préjugés de corps qui s'introduisent dans les différentes corporations et les diverses classes de la société.

Mais reprenons les choses de plus haut, et fixons d'une manière invariable le nombre des modifications qu'éprouve la volonté générale.

Cette volonté, qui n'est autre chose que

l'opinion publique, se diversifie de plusieurs manières. Et nous n'avons observé jusqu'à présent qu'une de ses modifications, que celle que lui fait éprouver la connoissance des intérêts nationaux et des objets qui s'y rattachent.

Sans doute le peuple veut son bonheur ; sans doute la volonté générale des citoyens est dirigée vers leur félicité. Mais tous les individus qui composent une nation n'ont pas la même manière de vouloir leur bonheur, parce que tous n'ont pas les mêmes idées, la même opinion sur les objets qui peuvent le satisfaire ; et ce sont ces diverses manières de vouloir son bonheur, qui mettent tant de variétés dans l'opinion publique.

Mais, quel que soit le peu d'uniformité qu'elle présente, il est cependant possible de fixer le nombre de ses modifications. En effet, tous les individus placés dans la même position, occupés des mêmes objets, livrés aux mêmes travaux, finissent par vouloir leur bonheur de la même manière ; par avoir des intérêts semblables et la même opinion. Or, comme les positions où se trouvent placés les membres de la société ne sont pas toutes identiques, comme ils ne sont pas tous livrés aux mêmes travaux, occupés des mêmes objets, il arrive bientôt qu'il se forme autant de classes de citoyens qu'il existe de positions particulières; et d'un autre côté, comme chacune de ces classes a une opinion différente des autres, on voit l'opinion publique se nuancer de plusieurs manières, et offrir diverses modifications.

Ces modifications dépendent des états par où passe l'homme pour arriver au dernier degré de perfection sociale. Ces états sont au nombre de quatre : 1° l'état de peuplade, ou celui des peuples vagabonds et sauvages; 2° l'état de barbarie, ou celui des peuples sédentaires qui ne connoissent pas encore le principe de la propriété; 3° l'état qui précède la civilisation, et qui consiste dans le balancement des classes de la société ou des ordres de l'Etat; 4° l'état de civilisation.

Dans l'état de peuplade, les hommes, répandus sur un vaste territoire, ne savent pas encore demander à la terre les trésors qu'elle recèle dans son sein : les produits de la chasse ou de la pêche sont leurs seuls moyens de subsistance; et à ces moyens, toujours bornés, souvent précaires, ils ajoutent les produits de la chasse, qui pour les peuples sauvages est un besoin de première nécessité. Livrés aux mêmes travaux, soumis aux mêmes besoins, ils ont donc les mêmes intérêts, la même manière de vouloir leur bonheur, par conséquent, la même opinion. Chez eux, nulle distinction de rang ni de classe; tous sont mus par le même mobile; et la volonté générale n'offre aucune modification. Voyez dans Tacite et dans César les grands traits dont ces deux célèbres historiens peignent les nations qui sont encore dans l'état de peuplade. Lorsqu'il s'agit d'une entreprise militaire, on ne voit point, comme chez les peuples civilisés, des hommes d'État discuter sur des points de prééminence nationale, ou céder à des considérations d'une haute politique. Mais toute la nation réunie forme une assemblée populaire, ou plutôt une grande armée qui délibère sur ses intérêts les plus chers; c'est-à-dire, sur la nécessité d'arracher à l'ennemi quelques-unes de ses dépouilles. Aucun autre objet ne peut l'intéresser; tout se rapporte à la guerre; chaque individu vit pour la guerre et par la guerre: le meurtre, l'assassinat, le crime le plus horrible, est traité avec indifférence; une modique somme d'argent arrête l'élan de la vengeance, et le bras de la justice n'est jamais levé sur le criminel. Mais qu'il s'agisse d'une action contraire aux vertus militaires; on voit cette indifférence cesser, et naître la vindicte publique. Chez les Germains, dit Tacite, on pend les traîtres, et on noie les poltrons.

Qu'on lise la description des mœurs des peuplades de l'Amérique; on croit lire un chapitre de César ou le livre de Tacite sur les mœurs des Germains. Les grands traits y sont les mêmes : même manière de délibérer sur les intérêts de la guerre; même manière de former les entreprises militaires; même indifférence pour les grands crimes; même horreur des traîtres et des poltrons.

Dans cet état de peuplade, la volonté générale fait mouvoir le corps de la nation; tout est entraîné par elle : et comme il n'existe qu'un seul intérêt, celui de la guerre, comme tout se rapporte à ce mobile, les individus sont poussés les uns et les autres vers le même but. L'opinion est donc uniforme chez les peuples sauvages. Aucune classe ne peut avoir d'intérêt distinct de celui des autres; ils sont tous confondus de même que les sentimens; et l'expression du vœu général forme une voix sans dissonnance.

Il n'en est pas ainsi dans le second état de la société, dans l'état de barbarie.

Ici un nouvel ordre de choses remplace l'état de peuplade ou de vagabondage des peuples. En devenant sédentaires, ils se partagent en plusieurs classes ; et chacune de ces classes imprime à la volonté générale une modification particulière.

Ces peuples, en quittant la vie vagabonde, ne déposent pas leurs mœurs primitives. La guerre est encore un de leurs premiers besoins ; et chez eux l'épée est à côté de la charrue.

Ce qui caractérise ces peuples, ce qui distingue leur état de barbarie de tous les autres états, c'est qu'ils se livrent à l'agriculture sans connoître le principe de la propriété. Chez les peuples agriculteurs avancés dans la civilisation, on respecte tous les genres d'industrie, parce qu'on sait que tous les genres d'industrie se font mutuellement valoir ; que l'agriculture ne peut prospérer si les manufactures ne s'emparent de ses produits pour leur donner de la valeur ; que les manufactures languissent et tombent si le commerce ne relève la valeur de leurs produits, en leur offrant une circulation qui leur est nécessaire. Chez ces peuples, tous les genres de propriété sont respectés, parce que tous les genres d'industrie sont utiles; et le développement des facultés amène celui de la richesse publique, et répand l'aisance et la félicité dans toutes les classes de citoyens.

Dans l'état de barbarie, au contraire, les forts et les habiles s'emparent de la possession exclusive des terres; et dans l'ignorance où ils sont de l'appui mutuel que se prêtent les divers genres d'industrie, ils les immolent tous, et font servir les bras des foibles à la culture de leurs possessions. De là, une classe de citoyens tributaire et subordonnée; de là, des esclaves; de là, des serfs. D'un autre côté, ces peuples divisés en tribus sont toujours prêts à fondre les uns sur les autres, comme des vautours sur leur proie. Chez eux, la guerre est toujours une guerre de propriété; et tandis que les nations combattent les nations, les tribus combattent les tribus. De cet état de guerre naissent des associations militaires, où la propriété foncière forme un des principaux liens, comme le démontrent les temps de la féodalité. Dans ces temps malheureux, les royaumes sont de vastes camps; les propriétaires, des soldats; tout le reste est esclave ou opprimé. Comment, dans un pareil état, l'industrie et le commerce pourroient-ils se développer?

Ainsi, l'on voit chez les peuples encore barbares se former d'abord deux classes de citoyens : la classe des propriétaires, et la classe des esclaves et des serfs. Les premiers sont toujours sous les armes, toujours prêts à combattre. Distingués des autres citoyens par leur position particulière, ils le sont aussi par leurs intérêts; et tandis que les esclaves et les serfs perdent dans l'excès de leurs maux le sentiment de leur misère et celui de leur dignité, l'opinion publique, reléguée dans la classe des privilégiés, n'est bientôt plus qu'une opinion aristocratique.

Mais cet état d'oppression d'un côté et de misère de l'autre, ne peut durer toujours; il est un degré de souffrance et de tyrannie au-delà duquel les choses ne peuvent plus se pousser.

Bientôt des circonstances imprévues changent la face de la société; le germe de l'industrie se développe dans quelques-uns des serfs, long-temps rebut de la nation. Des produits en sont le résultat; des propriétés nouvelles croissent dans le silence. Iront-ils de nouveau soumettre leurs bras esclaves à la culture des vastes possessions des privilégiés ? Non, c'est pour eux qu'ils travaillent; ils veulent jouir de leurs sueurs. On les voit, pour se mettre à l'abri de leurs persécuteurs, réunir leurs intérêts dans une défense commune. On les voit former des associations, des communautés. C'est dans les villes que se forment ces associations, ces ligues contre l'oppression; c'est là que prend naissance une nouvelle classe de citoyens, dont l'existence et les progrès sont un acheminement vers la civilisation.

Ouvrez l'Histoire des peuples, et sur-tout des peuples modernes. Vous y verrez d'abord l'oppression organisée et soumise à ces liens de subordination qui constituent le régime féodal. Plus tard, vous verrez les villes d'Italie former des associations pour la défense de leurs droits, attaquer les Barons qui les oppriment, former des propriétés, et fonder dans leurs murs ce Gouvernement municipal qui fut le prélude d'une police plus régulière. Jetez les yeux sur la France: voyez-y les communautés naître et s'accroître sous l'auguste protection de nos Rois. Re-marquez comme en Allemagne, comme en Espagne, le même exemple est suivi par les villes; comme le même mouvement est im-primé dans tous les lieux; comme les intérêts se réunissent pour se mettre à couvert du choc des oppresseurs.

Ici les rangs commencent à se former. Du milieu du servage s'élève une classe nou-velle de citoyens, dont les intérêts sont distincts de ceux des nobles et des seigneurs: c'est cette classe qu'en France on nommoit *tiers-état*, et qui, chez tous les peuples, se montre à cette époque qui précède la civili-sation, et qui suit les temps d'oppression. Ainsi, l'opinion publique n'est plus reléguée dans la classe des privilégiés. Le tiers-état a des intérêts particuliers qu'il apprend à dé-fendre, des priviléges qui le distinguent des autres classes de la société, des lois qui cons-tituent ses libertés.

L'on voit alors l'opinion publique se nuancer de plusieurs manières. Les nobles ont des priviléges à défendre; le tiers-état, des propriétés et des libertés à conserver; le clergé, des immunités à maintenir contre l'effort des passions humaines. De la position respective de ces trois classes résulte pour chacune d'elles une manière différente de vouloir son bonheur, par conséquent une opinion particulière; et la volonté générale, ou, en d'autres termes, l'opinion publique reçoit les modifications que lui impriment ces trois classes.

Cet état de choses n'est pas encore la civilisation; la volonté générale, ainsi modifiée par les intérêts et l'opinion de ces trois classes, n'est pas encore la raison publique; ce n'est que le crépuscule qui précède la lumière, et annonce son retour.

Il n'existe pas encore d'intérêts nationaux; les rapports sociaux ne sont pas encore fixés. Il n'existe que des intérêts de classes ou des intérêts locaux. Les hommes sont considérés comme nobles, comme bourgeois ou comme prêtres: en cette qualité, ils ont des droits spéciaux, des priviléges particuliers; ils ne sont pas encore considérés comme membres d'une même société, jouissant des mêmes droits, et soumis aux mêmes lois générales.

Loin de nous la pensée de vouloir nous livrer à des déclamations insensées contre l'ancienne division des trois ordres de l'Etat ! cette division étoit une suite nécessaire de la situation politique des Français; et on la voit se reproduire chez tous les peuples à l'époque qui précède la civilisation. En effet, c'est à cette époque que les hommes forment de vastes associations et réunissent leurs intérêts dans une défense commune, afin de résister à l'oppression. Alors la société n'offre plus que des oppresseurs d'un côté et des opprimés de l'autre : elle offre l'image de l'équilibre des intérêts; et les diverses classes dont elle se compose, placées dans un état de défense mutuelle, se balancent, s'observent, se mesurent de l'œil, empêchent tour-à-tour leurs empiétemens réciproques, et ressemblent à ces puissances de l'Europe qui, sans être en état de guerre, ont toujours des armées sur pied pour prévenir les agressions.

Ce système d'équilibre, de balancement entre les classes de la société, empêche le Législateur de généraliser ses vues. En vain il remonte aux principes des lois, en vain il examine des vrais rapports sociaux, les droits inhérens à la nature de chaque individu et les obligations qui en émanent; il est ramené malgré lui à des droits inhérens non à la nature des individus, mais à la classe dont ils font partie, à des priviléges pure-

ment locaux, à des immunités particulières.
Et comment n'en seroit-il pas ainsi? est-ce
que chaque ville ne s'unit pas cont e l'oppression; ne met pas sous la défense de la
communauté ses franchises, ses droits, ses
intérêts? est-ce que les droits, les intérêts
de chacune de ces villes, ne tiennent pas
aux localités? est-ce que la société n'offre
pas le spectacle de plusieurs nations dans
la même nation? Remontez à cette époque:
vous verrez par-tout l'esprit de localité à la
place de ces grandes vues législatives qui
pénètrent jusqu'à la nature même de l'homme; vous verrez mille coutumes différentes
donner à la législation mille faces diverses,
et l'empêcher de trouver ses véritables principes. Que de statuts, que de coutumes, que
de lois contradictoires cette division des
trois ordres n'avoit - elle pas produits en
France, avant que le Droit romain eût commencé à faire connoître les principes généraux de la législation? et c'est cependant
cette division des trois ordres que des esprits
spéculatifs regardent comme le chef-d'œuvre
des siècles, et opposent aux institutions des
temps modernes?

Arrêtons-nous ici : une nouvelle classe se

forme dans le silence de la méditation ; c'est
cette classe que j'ai déjà montrée comme la
propagatrice et la dépositaire des lumières ;
cette classe qui épure le vœu général, le fait
reposer sur des idées saines, sur des principes certains ; transforme l'opinion en raison
publique, et fournit au Législateur les motifs de ses lois.

Tandis que l'esprit de localité renferme
toutes les idées dans le cercle étroit des intérêts municipaux ; tandis que les trois ordres
de l'Etat, séparés les uns des autres par une
distinction d'intérêts et de priviléges, com-
pliquent la législation, l'éloignent de ses
principes, et en font un dédale inextricable,
les hommes éclairés qui consacrent leur vie
à la recherche de la vérité, commencent à
élever l'édifice des connoissances humaines
en donnant à leurs idées cette généralité
sans laquelle il n'existe ni science ni vérité.

Les diverses branches de législation forment autant de sciences particulières, dont
chacune a des principes qui lui sont propres.
C'est dans la connoissance de ces principes,
et des conséquences qui en découlent, que
se trouvent les motifs de toutes les lois. Mais
comment les connoître ces principes, lors-

que des intérêts locaux, des priviléges de classes les enveloppent de toutes parts, et les dérobent à la vue? Lorsque ces divers intérêts se concentrent, se divisent, se balancent au lieu de se généraliser pour se transformer en intérêts nationaux?

Ce qui caractérise la classe éclairée, c'est qu'au lieu de particulariser ses vues, au lieu de les circonscrire dans le cercle étroit où tourne sans cesse le vulgaire, elle remonte aux premiers principes de chaque science, les suit dans leurs développemens successifs, jusqu'à ce qu'elle arrive à leurs dernières conséquences : voilà le secret de sa prééminence sur les autres classes de la société.

Je n'examinerai pas dans ce chapitre la manière dont se forme la classe intermédiaire, les oppositions qu'elle éprouve, et les résultats de cette opposition. Je me borne à poser les principes généraux.

L'existence de cette classe est le signe le moins équivoque de civilisation. Alors tout marche vers le but de la félicité publique, parce que toutes les œuvres du Législateur reposent sur les vrais principes de la législation. Alors l'opinion publique n'est plus morcelée par les diverses classes de la société ;

mais, interprète du vœu général, des intérêts de tous, et des besoins réels de la société, elle se concentre dans la classe intermédiaire. Alors, l'opinion de cette classe devient l'opinion dominante, et constitue la raison publique, principe du Gouvernement représentatif.

Ce n'est qu'à cette époque que l'opinion, transformée en raison publique, devient une véritable puissance qui, loin de renverser le Gouvernement, lui sert de levier et d'appui. Fondée sur la connoissance des intérêts généraux et sur celle des vrais principes des choses, elle est la voix de la société, qui tantôt accuse les dépositaires du pouvoir, tantôt les approuve, et n'est jamais impunément méprisée par eux.

Puisqu'il en est ainsi, c'est donc sur cette opinion que repose le bonheur des peuples et la force des Rois ; et tous nos efforts doivent tendre à ne jamais en affoiblir le salutaire empire. Or, comment maintenir et fortifier cette opinion? On y parviendra facilement si l'on consacre par de sages lois cette liberté de la presse, qui est tout à la fois l'un des élémens du Gouvernement représentatif, et la garantie de la civilisation.

Les observations que nous avons déjà faites peuvent indirectement nous convaincre des avantages de cette liberté. Celles que nous allons ajouter ne feront que nous fortifier dans cette conviction. Mais en parlant de la liberté de la presse, nous entendons une liberté légale, une liberté dont la loi caractérisse et punisse les abus, une liberté dégagée des caprices de la censure.

Il est un principe qu'il ne faut jamais perdre de vue; c'est que l'opinion telle qu'elle doit être, c'est-à-dire la raison publique, se forme toute seule, et qu'elle ne doit jamais être dirigée.

Or, comment pourra-t-elle se former, si on laisse le soin de la diriger à des censeurs payés à tant par mois? Qui peut garantir qu'ils ne céderont jamais à leurs passions particulières? qu'ils ne chercheront pas à favoriser les faux sytèmes où des Ministres abusés pourroient entraîner le Gouvernement? qu'ils n'éloigneront pas les ouvrages où ces systèmes seroient combattus et les Ministres accusés devant le tribunal de l'opinion?

Mais, dira-t-on, les censeurs ne repousseront les ouvrages soumis à leur examen qu'autant qu'ils renfermeroient des principes contraires à la stabilité du Gouvernement, à la pureté des mœurs et à la religion de l'Etat. Plaisante manière de raisonner, que de prendre toujours ce qui doit être pour ce qui est ! de supposer les hommes inaccessibles à l'influence de la passion, et soumis à celle du devoir ! Certes, si les hommes étoient ainsi, nous n'aurions besoin ni de Chambre des Députés, ni de Chambre des Pairs, ni même de Tribunaux; toutes les institutions seroient inutiles : et c'est alors qu'on pourroit dire que les Rois peuvent régner sans Constitution. Lorsqu'on voit des hommes, et on en voit tous les jours, venir jusque dans la tribune aux harangues combattre la liberté de la presse par d'aussi frivoles argumens, on ne sait si on doit s'abandonner à un sentiment d'indignation, ou se contenter du sourire de la pitié.

Et sans parler de l'insuffisance de la censure pour empêcher la formation des presses clandestines, et prévenir la publication d'ouvrages d'autant plus dangereux que la contrainte les rend hostiles, je demanderai si c'est à des commis ou à des tribunaux indépendans et éclairés par la décision d'un jury, qu'il appartient de décider que tels

ou tels principes sont contraires à la religion, à la morale et au respect dû au Gouvernement? Quand on pense aux questions
délicates que fait naître l'examen de ces principes, à la difficulté de décider dans certaines
circonstances, si l'auteur d'un ouvrage a eu
l'intention d'ébranler dans l'esprit des citoyens le respect que le Gouvernement doit
inspirer, on s'étonne que de pareilles questions et d'aussi grandes difficultés soient soumises aux caprices d'un censeur. Qui nous
assure qu'il saura toujours interpréter les
intentions de l'auteur dont il repousse l'ouvrage? qu'il saura se placer dans la position
particulière où l'auteur s'est placé lui-même?
qu'il ne jugera pas de l'esprit de l'ouvrage
par l'esprit de quelques phrases maladroite-
ment détachées? Qui nous assure sur-tout qu'il
ne croira pas le Gouvernement attaqué et le
trône prêt à tomber, parce que les actes d'un
Ministre inhabile seront jugés avec sévérité?

Empêcher la publication d'un ouvrage,
c'est priver son auteur de la faculté d'émettre
son opinion; c'est lui ôter un droit que la
nature lui donne; c'est attenter à sa liberté.
Or, priver quelqu'un d'un droit naturel, lui
enlever une partie de sa liberté, c'est le

punir. Et entre quelles mains place-t-on ce pouvoir de punir? entre les mains d'un commis ; car enfin, un censeur n'est pas autre chose.

Ici, je ne vois aucune de ces formes solennelles qui, dans les tribunaux, accompagnent le pouvoir de punir. Où sont les débats? où est l'auteur inculpé, à qui fait-il entendre ses réclamations? tout est jugé à huis-clos. Le temps presse : de plus graves occupations attendent le censeur; les feuillets volent sous ses doigts, ses yeux glissent sur des lignes à peines effleurées, le terrible anathème est lancé; et l'auteur, condamné sans être entendu, voit son ouvrage jugé par un homme qui ne l'entend pas.

Mais, répètent sans cesse les ennemis de la liberté de la presse, c'est en vain que les tribunaux infligent à l'auteur d'écrits pernicieux, la peine qu'il a méritée; le poison circule, mille presses coupables le répandent, et l'ouvrage ne se multiplie que pour jeter dans les cœurs des semences de corruption : ne vaut-il pas mieux prévenir des maux irréparables, que d'infliger à leur auteur de tardifs jugemens? J'entends : il vaut mieux couper les bras d'un homme, que de s'exposer à la crainte de le voir s'en servir pour commettre un meurtre.

Mais, pensez-vous que l'on parvienne ainsi à soustraire à la connoissance des hommes toutes les maximes pernicieuses, tout ce qui peut blesser les mœurs, attenter à la tranquillité publique et offenser la sainteté de la religion? Vous êtes-vous imaginé que par la création de la censure, vous conserveriez à tout un peuple cette innocence native qui consiste dans l'ignorance du mal?

Désabusez-vous. Le seul moyen de réparer les maux qu'engendre dans la société la publication des écrits pernicieux, c'est de créer une morale publique; et le seul moyen de la créer, c'est de laisser aux tribunaux le pouvoir d'infliger des peines aux auteurs qui, par d'infames productions, abusent de la liberté de la presse. Eux seuls peuvent, par l'application d'une loi pénale, déterminer les limites où doivent s'arrêter les écrivains, marquer le point où finit la liberté et où commence la licence, et donner aux peuples les notions du bien et du mal. Lorsqu'après une discussion solennelle, en présence de l'opinion publique et de l'auteur inculpé, les tribunaux l'auront condamné aux peines encourues par la loi ; pensez-vous que la morale ne tirera pas de ce jugement une nouvelle force ? Accoutumez les hommes au joug de la loi ; éloignez l'arbitraire qui les rend légers, irréfléchis, ennemis de toute espèce de frein ; introduisez dans la société ces formes lentes et solennelles qui arrêtent la fougue des passions, et donnent à l'esprit cette marche régulière qui finit par régler celle du cœur : bientôt vous verrez la licence faire place à l'amour de l'ordre ; bientôt vous verrez du respect des lois naître celui de la morale et de la religion. Et pourquoi n'en seroit-il pas ainsi, puisque tout se tient dans les habitudes des peuples ?

Mais, indépendamment de ces considérations particulières, qui prouvent d'une manière invincible la nécessité de la liberté de la presse, il est des considérations plus générales et plus élevées que nous allons développer.

Sans cette liberté, le chef de l'Etat est obligé, ou de comprimer la voix de son peuple, d'éteindre la pensée, de n'écouter que les caprices de la tyrannie, ou d'être tour-à-tour dirigé lui-même par les vœux intéressés des diverses classes de la société.

Sans doute, il est facile d'être despote. Il suffit de porter un cœur de fer, une ame inaccessible à tout sentiment généreux, et de se venger du mépris des hommes, en les méprisant eux-mêmes assez pour les traiter en esclaves. Mais si le chef de l'Etat veut ne gouverner son peuple que pour le rendre heureux, s'il veut consulter les vœux de ses sujets, et en faire la règle de son Gouvernement; il ne peut, sans la liberté de la presse, surmonter les difficultés qui se présentent, et parmi les opinions particulières dont l'opinion publique se nuance, découvrir celle qui forme la voix de la nation.

Les diverses classes de la société tendent à particulariser leurs intérêts, à les séparer les uns des autres; et par cette tendance naturelle, les empêchent de s'unir et de se généraliser. De même qu'il existe un égoïsme individuel, qui concentre toutes les affections dans le cercle des besoins et des intérêts d'un individu, il existe un égoïsme de classe qui fait tourner chacune d'elles autour du cercle de ses intérêts.

Ce n'est que la classe éclairée qui s'élève au-dessus de cet égoïsme, qui n'examine dans les choses que ce qui est conforme à la vérité;

qui, au lieu de concentrer son esprit dans le cercle des intérêts locaux et de ceux d'une certaine classe d'individus, consulte les besoins de tous, et remonte jusqu'aux principes des divers objets sur lesquels le Législateur statue. Cette classe se compose de ces hommes supérieurs, de ces génies heureux qui révèlent des vérités utiles, source de la morale publique et de la félicité des nations ; et qui, laissant derrière eux une route lumineuse, voient bientôt marcher sur leurs traces les honorables transfuges des diverses classes de la société.

Puisqu'il en est ainsi, c'est donc cette classe qui doit être consultée par le Gouvernement, parce que, dépositaire des véritables vœux de la nation, elle seule peut lui faire connoître la vérité. Mais comment pourra-t-elle se former, s'étendre et se maintenir contre le choc des préjugés et des passions, si la liberté de la presse n'est pas consacrée par des lois?

Ce qui fait que les hommes ne peuvent remonter aux vrais principes de législation, ce qui les empêche de consulter les besoins de tous et de connoître les véritables intérêts de la société, ce sont leurs intérêts particu-

liers d'où naissent leurs préjugés et leurs intrigues. Liés par ces intérêts à telle ou telle
classe de citoyens, ils s'éloignent sans cesse
de la vérité, et substituent à sa voix celle de
leurs passions.

Or, ces intérêts cherchent à dominer dans
la société, et ils ne peuvent le faire qu'en pre-
nant pour auxiliaires les dépositaires du pouvoir; de là naissent chez les peuples ces luttes
des diverses classes, les intrigues auprès du
pouvoir dont elles cherchent à capter le suffrage et à diriger l'action.

Au milieu de ce conflit d'intérêts, que feront les dépositaires du pouvoir? Comment
distingueront-ils les véritables vœux de la
nation parmi tant de vœux intéressés? Comment connoîtront-ils la véritable opinion publique, celle qui repose sur la nature même
des choses, lorsque chacune des classes de
la société cherche à faire prévaloir son opinion, à la représenter comme le vœu de la
sagesse, et la voix de la raison? Croiront-ils
faire taire la voix de chacune de ces classes,
croiront-ils diriger tous les vœux, confondre
tous les intérêts dans l'intérêt général, parce
qu'ils feront taire la presse?

Non; qu'ils se désabusent. Le seul moyen

de comprimer l'opinion intéressée des classes
de la société et de prévenir les partis, c'est
de maintenir la liberté de la presse. Le moyen
au contraire d'exciter leurs prétentions rivales et d'éveiller leurs fureurs, c'est de
créer une censure. Il est facile de le démontrer.

Etablissons trois hypothèses.

Ou les dépositaires du pouvoir appartiennent à la classe de ces hommes qui, revêtus d'honneurs et comblés de richesses,
cherchent à s'en assurer la possession exclusive; ou ils appartiennent à cette autre
classe qui, moins favorisée, cherche à maintenir ses droits particuliers et à empiéter sur
les priviléges de l'autre ; ou bien, éloignés
par la hauteur de leur génie et la noblesse
de leur ame, de cet égoïsme de classe qui
rétréciroit leurs vues, ils se rangent volon-
tairement dans la classe éclairée, et ne consultent d'autre intérêt que celui de la vérité.

Dans la première hypothèse, ils prêteront
l'oreille à la tourbe des ambitieux et des
courtisans dont la voix, comme celle des
syrènes, flattera leurs penchans et leur système favori. Au milieu de ce doux concert,
pourront-ils écouter la voix sévère de la

raison? Non, ils n'entendront et ne voudront entendre que celle de l'intérêt particulier. Ils éloigneront leurs regards des besoins généraux de sa société; ils ne les porteront que sur une seule classe qui, forte de leur appui, tendra sans cesse à s'emparer de tous les droits et à accaparer le bonheur de la nation.

Que feront alors les censeurs? laisseront-ils imprimer les ouvrages dont les auteurs combattroient des systèmes que l'intrigue défend, que la puissance soutient? Ils ne le feroient qu'aux dépens de leur place; et ils ne veulent pas la perdre. Mais déjà les résistances se forment, les jalousies s'éveillent, les haines se concentrent dans les cœurs, les partis croissent dans l'ombre; et l'on entend au loin le bruit de la colère des peuples qui, semblable à celui des flots, est le précurseur de la tempête?

Mais si, au lieu de favoriser cette classe exclusive, les dépositaires du pouvoir cherchent à la comprimer, pour faire régner au-dessus d'elle les prétentions de la classe opposée, quel abîme profond s'ouvre sous leurs pas! les jalousies comprimées éclatent; les ambitions long-temps concentrées brisent tous les rangs, abaissent toutes les hauteurs ; les haines ne peuvent plus s'assouvir, la censure devient complice de la démagogie, la raison est bannie de tous les livres, la vérité de toutes les bouches ; bientôt les droits sont confondus, les lois renversées, et la licence, élevant sa tyrannie au-dessus de toutes les classes de la société, proclame ses nouveaux priviléges (1).

Voyons, si dans la troisième hypothèse, la liberté de la presse deviendra inutile.

Ici nous supposons que les Ministres sont éclairés, qu'ils veulent n'écouter que le vœu de la nation, qu'ils ont l'intention de ne laisser dominer d'une manière exclusive aucune des classes de la société. Mais pouvons-nous supposer que leur raison ne s'obscurcira

____

(1) La révolution française auroit dû nous apprendre à nous défier de toutes les classes qui veulent se rendre exclusives ; et cependant, on ne crie que contre les priviléges de ce que l'on appelle la noblesse. Toutes les classes veulent avoir des priviléges, et devenir exclusives : c'est une vérité qu'il ne faut jamais perdre de vue. Pourquoi donc exciter l'animadversion publique contre une seule classe, contre la classe des nobles ? Est-ce que toutes ne veulent pas avoir des priviléges ?

jamais? Que leur sagesse saura toujours repousser l'alliage impur, dont les passions qui les entourent cherchent à l'environner? Ce n'est pas dans les Cours que se fait entendre l'opinion publique; tout y est mensonge et dissimulation. Là, sont les prétentions exclusives; là, l'ambition emprunte le langage du désintéressement; là, tout s'environne de formes trompeuses; là, toutes les passions ont des représentans qui les soutiennent et les défendent.

Tant que la liberté de la presse n'est pas consacrée par la loi, tant que la classe intermédiaire n'élève pas sa puissante voix, et ne fait pas taire celle des courtisans et des ambitieux, tant que les Ministres ne peuvent s'appuyer sur elle et marcher dans la ligne qu'elle a tracée, les obstacles succèdent aux obstacles, et d'innombrables difficultés les arrêtent à chaque instant. Aussi, voyez comme leur marche est incertaine; quelle versalité dans leurs systèmes! quelle irrésolution dans leurs projets! quelle inconstance dans leurs plans! jouet des passions de toutes les classes, ils consultent en vain le vœu de la nation; et le vaisseau de l'Etat vogue à la merci du hasard au milieu des flots qui se combattent et qui lui ouvrent un abîme.

La liberté de la presse fera disparoître cette versatilité dans les systèmes, cette irrésolution dans les projets. Les intérêts particuliers des diverses classes de la société, n'oseront plus réclamer une préférence exclusive, et les vrais principes de législation brilleront de tout leur éclat. Il est chez toutes les nations des hommes étrangers à l'égoïsme de classe, ainsi qu'à l'égoïsme individuel, qui, dégageant leur esprit du cercle étroit où l'intérêt et la passion voudroient le renfermer, ne consultent d'autre intérêt que celui de la vérité, et remontent toujours aux principes de toutes les sciences pour en suivre les développemens, pour en observer les conséquences. Telle est la marche de l'esprit humain. Il remonte aux idées premières, il s'élève jusqu'aux principes, il pénètre jusqu'à la source de la lumière. Voilà la méthode qu'il est obligé de suivre, s'il veut faire des découvertes; et cette méthode que les Philosophes appellent *analyse,* est celle de la nature même.

Or, si elle est la méthode de la nature, elle sera suivie par tous les esprits, toutes les fois que des motifs particuliers ne changeront pas leur allure naturelle. Si donc, vous

voulez, dans les matières de législation, remonter aux vrais principes et en suivre les
développemens, n'allez pas, par de mala-
droites institutions, mettre en jeu les passions et les intéréts, et donner à l'esprit humain une fausse direction. Laissez-lui tout
son essor, toute sa liberté; laissez à la raison
publique le soin de se former toute seule.
Semblable à ces plantes qui se tournent naturellement vers la source de la lumière,
l'esprit humain se tourne vers les principes, source de la vérité; ce sont les passions
et l'égoïsme qui les dérobent à sa vue, qui
lui interceptent la lumière. Puisqu'il en est
ainsi, pourquoi soumettre son allure à la direction des censeurs? Pensez-vous que les
hommes éclairés iront abaisser l'élévation de
leur ame devant les caprices de la censure?

Etablissez-la cette censure, et bientôt la
tourbe des intrigans et des ambitieux va multiplier ces écrits éphémères où l'esprit du
jour remplace l'esprit des siècles, où l'intérêt du moment est substitué aux principes
et à la raison. On verra s'éclipser les immor-
tels écrits des plus célèbres écrivains, et les
fruits du génie seront perdus pour la nation.
En effet, si la presse est livrée aux caprices

de la censure, l'intrigue s'agite autour des censeurs ; les intérêts du moment prennent la place des principes éternels de législation et de morale. Le nom imposant des écrivains qui les ont développés dans leurs ouvrages, ne peut les soutenir ; et bientôt iis sont relégués parmi les spéculations de l'esprit humain, et [parmi ces brillantes théories qui restent sans application.

Et sans aller plus loin chercher des exemples, n'avons-nous pas vu sous le règne de Buonaparte, les funestes et inévitables résultats de la censure ; la sagesse et la raison bannies de presque tous les écrits, le talent prostitué à l'intrigue et à l'ambition ; le vrai mérite forcé de se cacher dans l'ombre, la vérité réduite au silence, les principes de législation et de morale indignement proscrits, et les lumières d'un siècle éclairé à demi-obscurcies par les ténèbres de la barbarie ?

Ne nous y trompons pas, les ouvrages des grands écrivains ne peuvent imprimer, aux principes qu'ils développent, cet esprit de vie qui assure leur existence, et les maintient contre le choc des passions humaines. Il faut qu'à chaque instant reproduits sous des formes nouvelles et par de nouveaux

écrivains, ils réveillent l'attention publique
et entrent dans les habitudes de la nation;
que sur-tout ils cessent d'être le patrimoine
exclusif de quelques esprits privilégiés pour
devenir celui de tous les hommes éclairés.
Or, c'est la liberté de la presse qui produit
ce résultat. Par elle les principes se communiquent à tous les esprits, épurent le vœu
général, le font reposer sur des bases iné-
branlables, rapprochent, en les généralisant,
les intérêts des diverses classes de la société,
et font disparoître ces différences trop marquées, qui empêchent les cœurs de s'unir
et les esprits de s'entendre. Alors la connoissance approfondie de ces principes devient
un moyen de distinction; une favorable
émulation fait secouer le joug des intérêts
individuels, et la classe éclairée s'accroît
chaque jour par de nouvelles conquêtes.

Je n'ai considéré la liberté de la presse
que d'une manière générale et sous le point
de vue de mon sujet. Il reste encore bien
des choses à dire sur une matière si riche en
développemens ; mais, comme dit Montesquieu, qui peut tout dire sans un mortel ennui?

Cependant, qu'il me soit permis, avant
de terminer ce beau sujet, de parler un ins-

tant des abus de la liberté de la presse et de
la manière de les déterminer.

Et d'abord on doit établir comme une
règle constante, comme une règle dont il
ne faut jamais s'écarter, qu'il n'existe d'a-
bus de la liberté de la presse, qu'autant qu'il
existe un délit. Comment en effet cela ne
seroit-il pas ainsi, puisque les tribunaux ne
peuvent punir que des délits ; et qu'un abus
de la liberté de la presse qui ne seroit pas
un délit, seroit hors de leur compétence ?
Ainsi, abus et délit sont ici la même chose ;
les idées qu'ils présentent à l'esprit sont ab-
solument identiques.

Or, dans quel cas l'auteur d'un écrit commet-il un délit ? Lorsqu'il cherche à renverser les lois sur lesquelles reposent l'ordre
social, et qui sont les garanties de la tranquillité générale et du bonheur des nations ;
lorsqu'il cherche à calomnier les fonctionnaires publics, à leur faire perdre le respect
qui leur est dû ; lorsqu'enfin il ose appeler
sur le Monarque et sur sa famille, le mépris
et la haine des peuples. Pourquoi commet-il
alors un délit (1) ? Parce qu'il menace la sû-

____

(1) Je prends ici le mot *délit* dans une acception gé-

reté publique, en attaquant les lois qui protégent les citoyens et les fonctionnaires qui les font exécuter.

Maintenant, il est facile de distinguer l'abus de la liberté de la presse, de ce qui n'en est que l'usage. Tant qu'on n'excite pas les citoyens à résister aux lois, à s'opposer à leur exécution, tant qu'on ne calomnie pas les Ministres et les autres fonctionnaires publics, tant qu'on ne censure pas la conduite du Roi et des membres de sa famille ; on peut tout dire, on peut tout écrire.

Ainsi, lorsqu'une loi est promulguée, on peut en critiquer les dispositions, prouver qu'elle n'est pas conforme à la nature des choses, qu'elle ne repose pas sur les vrais principes. Ce droit de censure appartient à tous les citoyens, puisqu'ils ont le droit de publier leurs opinions, d'indiquer les réformes et les améliorations qu'ils

---

nérale ; je ne fais pas de distinction entre les délits correctionnels et ceux qui prennent le nom de crimes : c'est au Législateur à la faire. Je ne parle pas non plus des délits de la presse qui portent atteinte à l'honneur et à la sûreté des citoyens ; je ne considère cette liberté que dans ses rapports avec la raison publique, parce que c'est là le point de vue le plus essentiel.

jugent nécessaires ; puisqu'enfin c'est le seul moyen de répandre la lumière sur les matières de législation, de diriger les vues du Législateur vers les vrais principes des choses, de former une raison publique, de donner à la classe éclairée un salutaire ascendant sur toutes les autres. Mais si, au lieu d'indiquer des réformes et des améliorations, on excite les citoyens à désobéir à la loi promulguée ; si, au lieu de prouver au législateur qu'il n'a pas connu les vrais besoins de la nation et ses véritables intérêts, on cherche à répandre le mépris sur les Chambres législatives et sur les Ministres ; si on leur suppose l'intention d'opprimer le peuple, et de s'enrichir de ses tributs, n'est-il pas évident que l'on commet un délit ? que l'on trouble l'ordre social, que l'on consacre le mépris des lois, que l'on prêche l'insubordination et l'anarchie, que l'on affoiblit le respect dû à l'autorité ?

La loi se compose de deux parties ; de ses motifs et de son texte, d'un corps de doctrine où le Législateur va puiser, et de son dispositif. Or, si le texte, si le dispositif des lois doit commander l'obéissance des citoyens, les motifs dont il émane ne peuvent commander le sacrifice de leurs opinions. Les motifs des lois sont du ressort de la science; ce sont des points de doctrine qu'il est permis de discuter, et qui forment le patrimoine de la classe éclairée. C'est là que se trouvent les vrais principes sur lesquels les lois doivent reposer; et comment le Législateur pourra-t-il les connoître, si la liberté de la presse n'existe pas, s'il n'est pas permis de censurer les lois promulguées; de montrer leurs défauts, d'indiquer les améliorations que l'on peut y faire?

Mais si l'on peut censurer les lois, on peut à plus forte raison, critiquer les actes des Ministres et autres agens de l'autorité. Ici, l'on doit faire la même distinction que nous avons établie plus haut. L'auteur d'un écrit imprimé peut attaquer les systèmes des Ministres, leurs plans de conduite; prouver que ces systèmes peuvent les entraîner dans des fautes et des abus pernicieux; il peut censurer les mesures qu'ils prennent, et tous les actes de leur ministère. Mais il ne peut leur supposer des intentions contraires à la félicité publique, les représenter comme les ennemis de la nation, comme des traîtres, comme des conspirateurs, parce qu'alors il les avilit; il les couvre de mépris; attire sur eux la haine des peuples ; affoiblit l'autorité ; prépare l'insubordination, et commet un véritable délit de calomnie (1).

Il n'en est pas du Roi, il n'en est pas des membres de la Famille Royale comme des Ministres. L'auteur d'un écrit imprimé ne doit en parler que pour les environner de respect et d'amour ; et la moindre critique de leurs actions, la moindre censure est un délit que les tribunaux doivent s'empresser de punir.

Ainsi, la loi répressive des abus de la liberté de la presse marque toute l'étendue de cette liberté, puisqu'elle en détermine les limites. Elle permet de censurer les lois, pourvu qu'on n'excite pas les citoyens à leur désobéir. Elle permet la censure de tous les actes des Ministres et autres agens de l'autorité, pourvu qu'on ne les calomnie pas, qu'on ne leur suppose pas des intentions

____

(1) La loi sur les délits de la presse doit indiquer avec beaucoup d'exactitude, les cas où il y a calomnie contre les Ministres et autres fonctionnaires. Les particuliers s'adressent aux tribunaux lorsqu'ils sont calomniés. Pourquoi les Ministres n'auroient-ils pas le même droit ? Est-ce que la liberté de la presse exige qu'ils soient mis hors de la loi ?

qui tendroient à avilir leur caractère aux yeux de la nation.

Mais permet-elle de censurer la Religion? Non, sans doute. Il n'en est pas de la Religion comme des lois. Les nations n'obéissent à ses préceptes que parce qu'elles croient à ses dogmes et à la pureté de sa doctrine. Si donc on cherche à la présenter au peuple comme un objet imparfait, si on détruit dans l'esprit des citoyens la croyance qui lui est due, on détruit aussi l'obéissance à ses préceptes. Sans doute on ne peut forcer un citoyen de croire à la Religion, parce que la croyance est hors du ressort des tribunaux et des lois humaines. Sans doute des paroles indiscrètes ne peuvent devenir l'objet d'une information judiciaire; mais si l'auteur d'un écrit imprimé cherche à prouver au peuple que les vérités de la Religion ne sont que des fictions, que des fables, que des mensonges; s'il cherche à détruire la croyance qui lui est due, la loi doit l'atteindre, et les tribunaux le punir, parce qu'alors il prêche la désobéissance à la Religion de l'Etat, fondement de l'ordre social.

Ici je m'arrête. Il me suffit d'avoir posé les principes d'où l'on doit partir pour détermi-

ner les abus de la liberté de la presse. Je me
hâte d'arriver à la publicité des délibérations
des deux Chambres, et au droit de pétition.

Nous avons, dans le quatrième chapitre,
remarqué que la raison publique, dont la
classe éclairée est dépositaire, ne seroit
qu'un objet de spéculation, et n'intéresseroit point le bonheur des hommes, si le pouvoir législatif n'en appliquoit les règles aux
besoins des individus, s'il ne faisoit participer toutes les classes de la société au bienfait
de la loi. En effet, les hommes auroient beau
remonter aux principes des connoissances
humaines, aux véritables sources de législation et de morale, ils ne trouveroient dans
ces recherches qu'un bonheur idéal, tant
que des dispositions législatives ne feroient
pas descendre ces principes des hautes ré-
gions où les aperçoit l'œil du génie, pour les
appliquer à nos besoins, et les rendre les
instrumens d'un bonheur pratique.

Cette observation prouve évidemment que
la liberté de la presse, et le pouvoir législatif, se prêtent un mutuel appui. Mais cet
appui ne seroit qu'illusoire, si les délibérations des Chambres législatives étoient se-
crètes. Alors la classe éclairée seroit aban-

donnée à elle seule , et forcée de résister aux empiétemens de l'intrigue , des intérêts individuels et des pouvoirs constitués. Vainement elle jouiroit de la liberté de la presse ; cette liberté finiroit par céder à des empiétemens d'autant plus dangereux qu'ils sont imperceptibles.

Il faut donc que pour résister à tant de forces réunies, elle s'environne d'une grande puissance ; que ses principes soient défendus par un pouvoir constitué. Or, ce pouvoir est le Corps législatif; et c'est par la publicité de ses délibérations qu'il défend contre les efforts de l'intrigue , et les agens de l'autorité , des principes toujours en lutte avec les passions et les intérêts particuliers des diverses classes de la société.

La liberté de la presse ne donne à la classe éclairée qu'une force morale , qu'un pouvoir d'opinion que l'égoïsme et la passion peuvent affoiblir. La publicité des délibérations lui donne un pouvoir réel, la fait intervenir directement dans la discussion des intérêts nationaux , la rapproche des dépositaires de la puissance publique , et lui permet d'attaquer l'intrigue jusque près des marches du trône où toujours on la voit se réfugier.

La liberté de la presse, en étendant la connoissance des vrais principes de législation et de morale, en les communiquant à un grand nombre d'esprits, en affoiblissant l'influence des intérêts particuliers, des diverses classes, prépare à la nation des Législateurs dignes de défendre ses véritables intérêts; et, de son côté, la publicité des délibérations du Corps législatif fortifie ces mêmes principes, ajoute à leur influence, les soutient contre le choc des passions humaines, environne la classe éclairée de respect et de puissance, et la rend médiatrice entre le peuple et le Gouvernement.

Voilà donc deux moyens présentés par le Gouvernement représentatif pour fortifier et soutenir le principe de la raison publique: je veux parler de la liberté de la presse, et de la publicité des délibérations des Chambres législatives. Il en est encore un autre : c'est le droit de pétition.

Sans doute la responsabilité des Ministres est une forte garantie contre les abus du pouvoir; sans doute les tribunaux sont toujours prêts à punir les agens de l'autorité qui se rendroient coupables de forfaiture. Mais il est des abus que les lois ne peuvent atteindre , et dont l'opinion seule fait justice. Ces abus, souvent imperceptibles, se glissent furtivement dans la société, et finissent par miner les institutions les plus salutaires. C'est contre les abus qu'est dirigé le droit de pétition aux Chambres législatives.

Une existence isolée ne peut nous suffire. Nous voulons vivre dans l'esprit des hommes, et le besoin de leur estime est un de nos besoins de première nécessité. Or, c'est ce besoin qui du droit de pétition fait une des plus puissantes garanties de la liberté publique, et du bonheur de la nation. Par ce droit de pétition , les abus sont dénoncés au tribunal de l'opinion ; par lui , le mépris public venge le foible des outrages de ses oppresseurs ; c'est lui qui enlève à la tyrannie des fonctionnaires le mystère et le secret, et répand sur leur conduite une effrayante lumière qui prévient de nouveaux abus.

SECONDE PARTIE.

APPLICATION DES PRINCIPES GÉNÉRAUX AUX
POINTS LES PLUS IMPORTANS DU DROIT POLI-
TIQUE, AUX INSTITUTIONS ET AUX GOUVER-
NEMENS DES PEUPLES ANCIENS ET MODERNES.

CHAPITRE PREMIER.

*Que le Principe du Gouvernement représen-
tatif est conforme à la véritable Civilisation.*

Nous avons vu dans le dernier chapitre
de la première partie, que l'époque de la
civilisation est celle où l'esprit humain remonte aux premiers principes de la législation, de la morale et des autres sciences;
où il rapproche les classes de la société, en
généralisant leurs intérêts, en les trans-
formant en intérêts nationaux.

Or, puisqu'il en est ainsi, ne doit-on pas
en conclure que le Gouvernement représen-

tatif est conforme à la civilisation? Est-ce qu'il ne repose pas sur la classe éclairée? Est-ce que la classe éclairée ne tend pas à généraliser ses vues, à remonter aux premiers principes des connoissances humaines, à s'élever jusqu'aux intérêts nationaux, à détruire les priviléges des diverses classes de la société, à repousser leurs prétentions exclusives, et tout ce qui particularise leurs intérêts? Est-ce que l'opinion de cette classe, fondée sur les vrais rapports sociaux, sur les véritables intérêts de la nation, ne constitue pas la raison publique?

Ainsi donc, c'est dans le développement de cette raison publique que consiste la civilisation; c'est là que se trouve le bonheur des nations.

Sans doute, une philosophie morose a cru voir dans la civilisation la source de nos maux et de nos vices; et l'éloquence s'est élevée contre elle avec tant de force, qu'elle a presque fait regretter de ne pouvoir plus remonter à l'état des peuples sauvages. Mais elle a pris pour la civilisation les raffinemens du luxe et la sensualité des Sybarites.

D'autres fois, on a cru que les peuples se civilisoient à mesure qu'ils secouoient le joug

de ce que l'on appelle les préjugés religieux.
Mais il n'en est pas ainsi : la vraie civilisation n'existe qu'au sein de l'ordre et de la
vertu, et la philosophie n'est que l'amour de
la sagesse. Qu'on ne prenne donc pas pour
elle cette fausse sagesse qui croit porter dans
ses mains le flambeau des lumières, lorsqu'elle n'y porte qu'une torche incendiaire;
et qui, foulant aux pieds les choses sacrées,
remplace l'édifice saint de la Religion par
l'abîme où elle précipite les peuples.

Je montrerai dans la suite que les principes
du Christianisme s'accordent avec ceux du
Gouvernement représentatif; que, loin de
nuire à la classe intermédiaire, ils ne font
qu'en assurer l'influence; que cette Religion
divine qui prêche toujours la concorde et la
charité, qui tend sans cesse à rapprocher les
classes de la société, à unir tous les intérêts,
au lieu de les diviser, est la Religion des
peuples civilisés, et qu'elle est d'autant plus
admirable, qu'elle s'accorde parfaitement
avec la vraie civilisation.

Cette civilisation est le dernier degré de
perfection sociale. Avant d'arriver jusqu'à
elle, les peuples passent par divers états dont
nous allons retracer un tableau rapide. Nous

montrerons ensuite les causes principales qui dérangent leur marche naturelle vers la civilisation. Nous comparerons les diverses formes de Gouvernement, avec le Gouvernement représentatif. Nous examinerons enfin les causes qui empêchent le développement de la raison publique et les révolutions qui résultent de ces causes. Tel sera l'objet principal de cette seconde partie.

CHAPITRE II.

De la marche naturelle des Peuples pour arriver à la Civilisation.

De même que l'homme arrive de l'enfance à l'âge mur, les peuples arrivent de l'état de peuplade à celui de civilisation; et de même que dans la vie de l'homme la jeunesse succède à l'enfance et précède l'âge mur; il est dans la vie des peuples, des états qui succèdent à celui de peuplade et précèdent la civilisation.

L'homme doué d'une perfectibilité qui n'est sans doute pas illimitée, s'avance sans cesse de progrès en progrès vers le perfectionnement de ses facultés intellectuelles et morales ; et l'on remarque chez les peuples des états qui correspondent à ces progrès. Ce n'est donc pas, comme on l'a pensé, la différence des climats qui met une différence naturelle entre les nations, ce n'est pas non plus la diversité des terrains. Qu'on n'oppose donc pas à cet égard les peuples du Nord à ceux du Midi ; qu'on n'ouvre pas les fastes de l'histoire pour montrer que les premiers sont, par la nature du climat et du terrain, libres, indépendans et courageux, tandis que les seconds sont plongés dans la mollesse et la servitude politique.

Ces peuples du Nord qui conquirent l'Empire romain, n'étoient vaillans et libres que parce que, répandus sur un vaste territoire qu'ils ne savoient pas cultiver, ils étoient moins une nation qu'une grande armée ; que dirigés par un seul mobile, le besoin du pillage et la nécessité de la guerre, ils n'offroient ni oppresseurs, ni opprimés, tandis que l'Empire romain, écrasé par le despotisme, offroit d'un côté les caprices d'un maître, et de l'autre la lâcheté des esclaves. Mais voyez-les, ces peuples du Nord : à peine ils sont répandus dans les pays qu'ils ont conquis, que tout change. La nation se partage en privilégiés et en tributaires; en d'autres termes, en oppresseurs et en opprimés, jusqu'à ce que les développemens de l'industrie viennent modifier cet état de choses et y substituer cette division de classes ou d'ordres qui produit le balancement des intérêts.

Que penser de l'influence des climats, lorsque le temps nous montre tour-à-tour, et sous la même température, des peuples libres et des peuples esclaves? Comment faire tout dépendre de cette cause physique, lorsque dans ces mêmes lieux où *se forgeoient les instrumens qui brisèrent les fers du Midi*, l'on a entendu retentir les chaînes du despotisme? Les faits combattent cette prétendue influence; et cependant c'est sur des faits qu'on veut la faire reposer.

Suivons la marche de l'esprit humain, et nous verrons celle des peuples vers la civilisation. D'abord, dans l'état de peuplade ils ne savent rien demander à la terre; ils ignorent les moyens de culture et les procédés de l'économie politique, et cette ignorance les soumet à l'état de guerre. De cet état de guerre naît cette unité d'opinion qui constitue leur liberté et les garantit de l'oppression.

Mais lorsqu'à l'état de peuplade ou de vie errante, ils font succéder ce que nous avons appelé l'état de barbarie; en d'autres termes, lorsqu'ils cessent de vivre errans et vagabonds pour devenir sédentaires, quel spectacle différent n'offrent-ils pas? Les puissans et les habiles, comme nous l'avons déjà dit, s'emparent de la possession exclusive des terres; et dans l'ignorance où ils sont de l'appui mutuel que se prêtent les divers genres d'industrie, ils les immolent tous, et font servir les bras des foibles à la culture de leurs possessions. De là, une classe de citoyens tributaire et subordonnée, et les propriétaires forment une classe aristocratique qui tient les autres asservies.

C'est l'ignorance qui produit ces maux; ils disparoissent avec elle. Bientôt l'esprit humain commence à se dégager des ténèbres qui l'obscurcissent; les premiers développemens de l'industrie se laissent apercevoir, une nouvelle classe succède à celle des propriétaires ou des privilégiés; les intérêts se réunissent dans une défense commune; les classes de la société, séparées les unes des autres par leurs intérêts particuliers, présentent l'image de l'équilibre, et la nation offre le spectacle des ordres de l'Etat qui se balancent entre eux.

Alors les classes de la société ne sont pas toutes asservies à une classe exclusive et tyrannique. Les intérêts de chaque ordre sont réunis et défendus ; et lorsque les besoins de l'Etat commandent de généreux sacrifices, les députés de chaque ordre ou de chaque classe offrent séparément les moyens d'y satisfaire.

S'il en résulte des avantages, il en résulte aussi des inconvéniens. L'esprit de localité et de classe empêche de remonter aux principes des diverses branches de législation, de s'élever à la connoissance des besoins généraux de la société, de discerner les véritables rapports sociaux ; et comme tous les intérêts sont séparés en autant de classes différentes, l'on ne connoît pas encore les intérêts nationaux.

Mais l'esprit humain, avons-nous déjà dit, se tourne naturellement vers les principes des choses. L'habitude de généraliser ses idées, le fait remonter aux premiers principes des lois. Ses idées commencent à n'être plus renfermées dans le cercle étroit des intérêts municipaux et de ceux des diverses classes de la société. Il voit qu'il est des droits inhérens à la nature de chaque individu en particulier, et des obligations qui en émanent; que ces différences si marquées entre les classes de la société, forment dans la même nation plusieurs nations différentes, dont chacune a ses droits, ses intérêts, ses libertés; que, pour découvrir les intérêts nationaux, il faut ôter ces différences trop marquées, qui empêchent les esprits de s'entendre, les citoyens de se réunir et de former une seule nation.

Cette habitude de généraliser ses vues, de remonter aux premiers principes de législation, est le signe de la civilisation. Alors la classe éclairée, dégagée de tout intérêt particulier, uniquement dirigée par celui de la vérité, s'élève aux idées premières des choses; et lorsque la liberté de la presse et la publicité des délibérations législatives viennent fortifier et assurer son influence, la civilisation est à jamais conquise, et l'esprit humain ne rétrograde plus.

Telle est la marche des peuples vers la civilisation; elle consiste dans les progrès de l'esprit humain. C'est l'ignorance qui pro-

duit l'état de guerre des peuples errans; c'est
elle qui, dans le second état de la société
amène la tyrannie de la classe des propriétaires; cette tyrannie qui naît de l'ignorance où
ils sont de l'appui mutuel que se prêtent les
divers genres d'industrie. D'un autre côté, ce
sont les premiers développemens de l'esprit
humain et ceux de l'industrie, qui donnent
naissance à une nouvelle classe, et lui apprennent à réunir ses nouvelles propriétés
dans une défense commune; de sorte que la
nation offre bientôt le spectacle du balancement des intérêts et de l'équilibre des divers
ordres de l'Etat. C'est enfin par des progrès
toujours croissans, que l'esprit humain arrive
à cet état de perfection qui constitue la vraie
civilisation.

Les Publicistes ont parlé d'un état de nature qui précède l'état de société. Cette découverte fait honneur à leur sagacité. Pour
moi, j'avoue qu'il m'a été impossible de le
découvrir. En effet, j'ouvre l'histoire des
peuples anciens et modernes; je consulte
tous les monumens, toutes les traditions.
Je rencontre par-tout l'état de société, et
j'en aperçois le germe dans ces besoins na-
turels, soit physiques, soit moraux, d'où

naissent les rapports des hommes entre eux, et d'où partent tous les liens sociaux. Peut-être les Publicistes ne donnent-ils le nom de société qu'à une association perfection-née, et relèguent-ils les peuples errans et barbares dans l'état de nature. S'il en est ainsi, leur erreur ne peut être dangereuse, parce qu'il est facile de la réfuter.

CHAPITRE III.

Des deux causes principales qui dérangent la marche naturelle des Peuples vers la Civilisation.

Nous avons vu que les peuples arrivent à la civilisation par une marche naturelle qui suit celle de l'esprit humain. Mais cette mar-che naturelle est souvent dérangée par des causes étrangères; et, parmi ces causes, il en est deux qu'il importe de remarquer. Commençons par la première.

Lorsque les peuples sont au second état de la société, à cet état où, livrés à une vie sédentaire, ils ne connoissent pas encore

le principe de la propriété, où les propriétaires forment une classe aristocratique et
oppressive, il peut arriver que le chef de
l'État tourne sa puissance contre cette classe
tyrannique, et que grands et petits soient à
ses pieds. Alors règne le despotisme.

En effet, les classes de la société n'ont
pas encore réuni leurs intérêts dans une défense commune, et ne peuvent, par conséquent, résister au despote. La classe éclairée
n'est pas encore formée, et ne peut se placer entre la nation et lui. Il n'existe ni vœu
général, ni intérêts particuliers, ni intérêts
nationaux, ni raison publique. Que les despotes se hâtent de profiter de cette époque;
elle seule est favorable au despotisme.

Nous ne prétendons pas, cependant, qu'il
ne puisse s'établir que dans l'état de barbarie. Nous prétendons seulement, que ce
n'est qu'à cette époque qu'il peut jeter de
profondes racines. Lorsque la nation est
plus avancée vers la civilisation, lorsque les
classes de la société se balancent entre elles,
et que la classe intermédiaire commence à
se former, il éprouve des résistances qui in-
timident samarche; et bientôt l'on aperçoit
au loin l'avenir tout chargé de révolutions.

Ce que nous venons de dire explique ce long despotisme de l'Orient, dans lequel les peuples sont depuis si long-temps endormis. Ce n'est pas la chaleur du climat qui les rend mous, lâches et esclaves; la servitude politique ne tient ni au climat, ni au terrain ; et la liberté n'est pas le privilége de quelques nations.

Elle tient cette servitude à la circonstance particulière que nous venons d'indiquer. Elle naît de ce que chez les Asiatiques le despotisme d'un seul commença dans le second état de la société ; de ce que la classe aristocratique fut asservie avant que les premiers développemens de l'industrie eussent donné naissance à cette nouvelle classe qu'en France on nomma Tiers-Etat, et qui fut tour-à-tour une barrière contre la tyrannie des privilégiés, et contre le pouvoir absolu des Monarques.

L'ignorance du principe de la propriété foncière favorisa cette servitude. Dans l'état de barbarie, l'idée de propriété n'est pas indépendante de l'idée de possession ; les hommes ne se sont pas encore élevés à cette abstraction qui sépare le droit du propriétaire, de la jouissance même de sa propriété ; le possesseur actuel est celui dont le droit est le moins incertain, le moins contesté. Pour mieux dire, il n'existe pas encore de propriétaires, il n'existe que des possesseurs; il n'existe pas encore de propriété, il n'existe que la détention.

Or, puisqu'il en est ainsi, l'usurpateur de la propriété ne se présente aux yeux des peuples, que comme un possesseur dont les droits sont légitimés par le fait même de sa possession. Comment les despotes ne profiteroient-ils pas d'un ordre de choses qui donne tant de force à la possession actuelle, et qui légitime l'usurpation?

L'expérience atteste qu'ils en savent profiter. Chez les Asiatiques anciens, chez les Asiatiques modernes, chez tous les peuples enfin qui sont soumis au despotisme, le despote dispose à son gré des propriétés de ses sujets. Les Sultans, dit M. Volney, s'étant arrogé, à titre de conquête, la propriété de toutes les terres en Syrie, il n'existe pour les habitans aucun droit de propriété foncière; ils ne possèdent qu'en usufruit. Aussi, dit ce célèbre voyageur, l'on préfère les biens en argent, comme plus faciles à dérober aux rapines du despote.

De ce mépris de la propriété foncière naît

le mépris ou plutôt l'absence de toutes les lois. Lisez les Historiens de l'antiquité, et voyez ces grands Empires des Perses et des Babyloniens. Les Monarques y placent leur volonté suprême au-dessus de toutes les lois, même, dit Bossuet, au-dessus des plus sacrées. Du haut de leur trône, ils reçoivent les adorations de leurs sujets prosternés à leurs pieds comme de vils esclaves. De là ces noms de Roi des Rois, ces dénominations emphatiques où l'orgueil emprunte à la divinité les titres mêmes de ses attributs.

Lisez aussi les relations des modernes voyageurs; comme les couleurs dont ils peignent l'esclavage des Orientaux sont rembrunies! Nul esprit public, nul amour de la gloire. Au fond de son palais, et du sein des voluptés, le despote envoie la mort à ses visirs : la victime se prosterne, adore et meurt. Parcourez les villes et les campagnes; elles offrent l'aspect d'un pays conquis. Les pachas, les cadis ressemblent à des soldats qui courent au pillage. Par-tout, les proprié-tés sont incertaines, les amitiés sans confiance, les transactions sans bonne foi. Point d'espoir d'un meilleur avenir. L'homme y est esclave : il se couche esclave : il se levera

esclave. N'attendez pas de trouver des talens
et des lumières; les ames sont sans ressort;
le despotisme pèse sur elles de tout son poids;
et dans les mutations des règnes, il se succède à lui-même pour tenir les peuples dans
un éternel engourdissement.

Mais comment se fait-il que les nations de
l'Europe aient échappé à la servitude politique? Comment se fait-il qu'elles aient tra-
versé les divers états de la société pour arriver à la civilisation, et que les Asiatiques
soient restés stationnaires au sein de l'ignorance et du despotisme?

Lorsque les peuples du Nord fondirent
sur l'Europe, ils la conquirent dans la vue
d'acquérir des propriétés. Ce fut moins une
guerre qu'une émigration de peuples; moins
une conquête qu'un passage de la vie errante
à la vie sédentaire. Chaque individu com-
battit pour lui seul, pour son intérêt particulier plus que pour la gloire du chef.

A peine furent-ils répandus dans les pays
conquis, qu'ils cessèrent de former une
armée, et devinrent propriétaires. L'ignorance du principe de la propriété foncière
favorisa l'usurpation et produisit cet état de
choses que nous avons remarqué. La classe

des propriétaires fut indépendante du chef qui, sans milices étrangères et sans impôts, ne put l'asservir. Elle devint tyrannique. Elle opprima le peuple et fit trembler les Rois; elle fut une classe aristocratique.

Dénué de force réelle, que pouvoit faire le chef de l'Etat? Attacher à lui les propriétaires par l'intérêt et le serment. C'est ce que firent les Rois. Ils formèrent de nouvelles propriétés, connues sous le nom de bénéfices ou fiefs, qu'ils concédèrent à de certaines conditions. Au moyen de ces conditions, ils espérèrent de lier à leur service les concessionnaires; mais ceux-ci, abusant de leur foiblesse, rendirent patrimoniaux et héréditaires ces bénéfices qui n'étoient qu'à vie. De là naquit en Europe ce régime féodal, qui fut le résultat de l'usurpation des propriétaires et de la position particulière où les Rois furent placés.

Si cet état de choses produisit de grands maux, il produisit aussi de grands biens. Il empêcha le pouvoir absolu de s'établir, il favorisa la formation du tiers-état, qui dut sa naissance au besoin de défendre les produits de l'industrie et les propriétés nouvelles. Les Rois furent intéressés à rabaisser la puissance de la classe aristocratique; et ils ne purent y réussir qu'en prêtant leur appui au tiers-état. Les développemens de l'industrie et ceux de l'esprit humain, se trouvèrent donc naturellement confiés à leur auguste protection; et, loin de chercher à être despotes, ils furent les bienfaiteurs de la nation, et marchèrent avec elle vers la civilisation.

Il n'en fut pas de même chez les Asiatiques. La guerre ne se fit pas dans un but d'émigration, mais pour la gloire du chef. Les conquérans ne se répandirent pas dans le pays conquis pour y acquérir des propriétés; mais réunis autour du chef, ils l'aidèrent à opprimer les peuples vaincus, ils formèrent une armée qui fut, dans la main du Prince, un instrument d'oppression, et le Gouvernement devint militaire.

Toutes les tyrannies particulières furent subordonnées à celle du chef. Il fut le seul propriétaire, et les particuliers n'eurent qu'une jouissance incertaine et précaire de leurs biens. Tel est, je le répète, le caractère du despotisme; il repose sur le mépris de tous les genres de propriété, et il est à son dernier période lorsqu'il foule aux pieds la propriété foncière. C'est avec cet effrayant caractère qu'il se présente chez les Orientaux. Il durera jusqu'à ce qu'une main puissante brise les fers de ce malheureux pays, et rende à l'homme sa dignité.

Mais voici une exception à ce que nous venons de dire. Guillaume de Normandie est le seul conquérant qui, en fondant le despotisme, jeta les fondemens de la liberté : il vainquit et gouverna en despote ; il fit peser sur l'Angleterre un joug de fer. Mais au lieu de réunir son armée autour de lui ou dans les places fortes, pour en faire un instrument d'oppression, il suivit les idées du régime féodal qu'il avoit apportées de France. Il extermina ou déposséda les anciens propriétaires ; il divisa le territoire anglais en soixante mille deux cent quinze fiefs simples, qu'il distribua à ses créatures, et qui relevèrent tous de lui.

Par cet acte tyrannique, il sappa les fondemens de la tyrannie ; et le despotisme se tendit un piége à lui-même. En effet, les possesseurs de ces fiefs ne furent plus des soldats, vils instrumens d'oppression, mais des propriétaires qui eurent des intérêts différens de ceux du chef. Guillaume fit une grande faute ; il les opprima et les rendit ennemis du despotisme. Ils se liguèrent avec le reste de la nation contre le despote qui devint l'ennemi commun. Le tiers-état, ou les communes, marchèrent de pair avec eux sous la même bannière ; et cette union qui augmenta la force des uns et des autres, finit par obliger les Rois de partager avec eux la puissance suprême.

Passons à la seconde cause qui dérange la marche naturelle des peuples vers la civilisation.

De la tyrannie naissent souvent les républiques. Lorsque de petits peuples sont opprimés par des tyrans, ils secouent le joug, ils brisent leurs fers. La haine de la tyrannie, la crainte du pouvoir absolu donnent naissance à ces assemblées générales où réside la puissance législative, où résident même tous les pouvoirs. Voyez les républiques de la Grèce ; elles furent toutes formées par la haine de la tyrannie ; c'étoient des villes qui secouoient le joug de leurs oppresseurs, qui devenoient libres, et ne vouloient confier qu'à elles seules le dépôt du Gouvernement.

On a trop admiré ces républiques de l'antiquité. Sans doute, une partie des citoyens brilloit de l'éclat des vertus et des talens, et

offroit au monde un spectacle sublime. Mais
que d'ombres à ce tableau ! nous autres,
peuples modernes, qui comptons les hommes pour quelque chose , et qui dans ces esclaves traités avec tous les excès de la barbarie , dans ces ilotes qui ne naissent que pour
souffrir , voyons des malheureux et des
hommes comme nous ; pouvons-nous aimer
des Gouvernemens dont la base étoit l'esclavage plus encore que la liberté ? qu'étoient
en effet ces hommes libres qui composoient
ce que les Anciens appeloient la cité ? la plus
petite partie de la nation. Réunis en assemblées générales ils exerçoient la souveraineté , faisoient des lois , nommoient les magistrats , les révoquoient , leur faisoient rendre compte de leur conduite : tout le reste
étoit dans les fers.

Je sais que les Anciens ne considéroient
les esclaves que comme une espèce inférieure
à l'homme ; et Aristote , dans sa Politique,
fait tous ses efforts pour le démontrer. Mais ,
sans chercher à combattre cet horrible pré-
jugé , je demanderai si les Gouvernemens
doivent être établis pour le bonheur de tous
ou pour l'avantage de quelques-uns ? S'ils
doivent être établis pour le bonheur de tous.

qu'étoient donc les Gouvernemens des Anciens? qu'étoient les assemblées générales? les hommes libres qui composoient la cité?

Relativement aux esclaves, c'est-à-dire, à la plus grande partie de la nation, ils formoient la plus dure des aristocraties. Relativement à eux-mêmes, ils n'offroient que confusion et désordre. Qu'est-ce, en effet, qu'un Gouvernement où la partie qui gouverne n'est pas séparée de celle qui est gouvernée? où l'opinion publique ne peut éclairer les chefs de l'Etat? où un dépôt de lumières ne peut jamais se former? où les conseils de la sagesse et de la raison sont impuissans contre la fougue des passions populaires?

Dans les républiques anciennes, la classe éclairée ne pouvoit acquérir assez d'influence pour faire dominer les vrais principes de législation. La multitude prenoit aux affaires publiques une part trop active, pour qu'à chaque instant la raison et la vérité ne fussent pas écartées des délibérations. D'un autre côté l'on ne pouvoit, sans changer la forme du Gouvernement, détruire l'esclavage. Les hommes libres ne pouvoient travailler au commerce, à l'agriculture, aux arts; les exercices du gymnase formoient leur unique occupation. Les vertus naturelles étoient inconnues; à leur place, des vertus factices. Le citoyen n'étoit ni l'homme de la nature, ni l'homme de la société; c'étoit une création du génie des Législateurs.

Il étoit donc impossible que sous une telle forme de Gouvernement, les peuples marchassent dans la route naturelle qui conduit à la véritable civilisation. Comment l'auroient-ils pu, puisque la classe éclairée n'avoit aucune influence, et que la raison publique ne pouvoit se développer?

Une réflexion se présente : l'abolition de l'esclavage parmi les Modernes a changé la face des républiques. Elles sont toutes devenues aristocratiques, et cela devoit être ainsi. Dès qu'il n'y a plus eu d'esclaves, les hommes libres n'ont plus été exclusivement bornés à la discussion des affaires publiques; mais livrés à l'agriculture, aux arts et au commerce, ils ont laissé le Gouvernement se concentrer de lui-même dans un certain nombre de familles privilégiées.

Ce n'est pas ici le lieu de montrer le vice principal de cette espèce de Gouvernement; nous aurons occasion de le faire dans le chapitre suivant.

CHAPITRE IV.

*Du Gouvernement représentatif, comparé
avec les autres Gouvernemens.*

L'OPINION publique ou la volonté générale peut être considérée de trois manières différentes : 1° Sous le point de vue du nombre des suffrages qui l'expriment ; 2° sous le point de vue des modifications que lui impriment les intérêts de chacune des classes de la société ; 3° sous le point de vue particulier de la connoissance des intérêts nationaux ou de l'opinion de la classe éclairée.

A chacun de ces points de vue se rapportent des formes particulières de Gouvernement. Au premier, les Gouvernemens populaires, les démocraties les républiques anciennes. Au second, l'aristocratie et la monarchie modifiée par l'équilibre des ordres de l'Etat, c'est-à-dire, des classes de la société. Au troisième point de vue, le Gouvernement représentatif qui repose sur l'opinion dominante de la classe éclairée.

Nous allons maintenant examiner ces divers Gouvernemens, et les comparer avec le Gouvernement représentatif.

Le Gouvernement démocratique est le premier qui se présente. Ce Gouvernement est fondé sur la volonté générale, exprimée par le suffrage des citoyens. Ici, la volonté générale n'est plus un simple vœu; c'est une volonté active, une opinion revêtue du pouvoir législatif et de l'administration suprême, une véritable souveraineté.

Les républiques de l'antiquité nous en offrent un exemple. Le Gouvernement y étoit populaire, c'est-à-dire, entre les mains du peuple. Le peuple faisoit les lois; il avoit le pouvoir suprême, puisqu'il faisoit rendre compte de l'exercice de leurs fonctions à ceux qu'il en avoit revêtus; il étoit Roi, et les divers fonctionnaires, quelque augustes que fussent leurs fonctions, n'étoient que ses Ministres.

Mais comment, dans une démocratie, le peuple peut-il connoître les intérêts nationaux et les principes de législation? Tout y est confondu: Gouvernement, intérêts nationaux, volonté générale. Il n'existe pas hors du peuple une opinion publique qui

puisse éclairer sa marche, et servir de base
à ses lois. Chaque individu n'a qu'une influence partielle, et les suffrages mettent de
niveau le vice et la vertu, l'ignorance et les
lumières, la sottise et le génie.

Voilà donc un vice fondamental de ce
Gouvernement: tout y est soumis à la puissance du nombre; c'est la généralité des suffrages qui fait la loi. Mais cependant les diverses classes de citoyens y ont des intérêts
particuliers qui modifient la volonté générale;
et chacune d'elles, pour accroître son influence, cherche à capter les suffrages de la
multitude, et à se revêtir de la puissance du
nombre. D'un autre côté, le peuple est Roi;
il a ses courtisans et ses flatteurs, il a ses
favoris qui le subjuguent, qui sont l'objet
de ses caprices et de ses fantaisies, et auxquels il sacrifie sa félicité.

Ainsi, par la force des choses, et la nature
de sa constitution, le Gouvernement démocratique tombe dans l'anarchie, et de l'anarchie dans les mains d'un tyran. On voit dans
toutes les républiques la classe aristocratique former une faction permanente, qui
trompe, séduit et subjugue. On y voit des
citoyens ambitieux, qui marchent à la ty-

rannie par des routes tortueuses. Athènes
eut ses Pisistrates, et Rome ses Césars.

Quel spectacle nous offrent les républiques de l'antiquité ! Des orateurs qui trompent le peuple ; des ambitieux qui le corrompent par des largesses ; des riches, des
patriciens qui gouvernent à leur gré ses
nombreuses assemblées. Tantôt les Auspices
ne sont pas favorables, et on ajourne une
assemblée dont on ne peut maîtriser les volontés; tantôt les lois sont éludées par des
subterfuges; et à Rome, le modèle des républiques; à Rome, la maîtresse des nations,
on vit les ambitieux entrer dans les Comices
les armes à la main, et arracher, par la
violence, les suffrages du Peuple-roi.

Montesquieu a dit que la vertu politique
étoit le principe de la démocratie; et rien
n'est plus vrai : cette vertu politique n'est
autre chose que l'unité d'opinion, l'unité de
mobile; elle consiste dans l'amour de la patrie; elle est, dit ce grand homme, un sentiment, et non une suite de connoissances.

L'existence de la vertu politique est incompatible avec les prétentions exclusives des diverses classes de la société, avec l'ambition
et l'amour des richesses, avec les passions hu-

maines. Puisqu'il en est ainsi, comment peut-elle exister? N'est-elle pas une chimère?

Non : elle peut exister; mais c'est au sein de la guerre , dans les dangers de la patrie , au milieu des flèches et des javelots. C'est la guerre qui entretient dans les républiques cet amour de la patrie ; c'est elle qui concentre toutes les affections dans cet amour, qui confond tous les sentimens , qui réunit tous les cœurs. Les citoyens n'ont qu'un but; celui de défendre leur territoire , leurs femmes , leurs enfans et leurs Dieux. Toutes les ames brûlent d'une divine ardeur; chaque citoyen est soldat; chaque soldat un héros. Les intérêts particuliers se taisent; les passions s'apaisent; les haines se calment; et l'amour de la patrie purifie les cœurs les plus corrompus.

C'est au sein de la guerre que dans les républiques de l'antiquité brilla cet amour de la patrie. C'étoit le feu sacré qui les alimentoit, les fortifioit, les perpétuoit. Lorsque la guerre eut cessé, ce feu sacré s'éteignit avec elle. Les républiques se corrompirent; on les vit se dissoudre comme des corps que le principe de vie n'échauffe plus; on les vit tomber et mourir.

Plus l'institution de ces républiques se rapportoit à la guerre, plus elles étoient durables. Athènes fut plutôt corrompue que les autres, parce qu'elle n'étoit pas toute guerrière, et qu'elle étoit commerçante. Tant qu'elle fit la guerre pour défendre ses murs et son territoire, elle brilla de l'éclat le plus pur; elle effaça toutes les autres républiques, et ses guerres contre les Perses développèrent des sentimens sublimes, firent naître des prodiges de valeur, et d'héroïques actions. Mais lorsqu'elle ne fit la guerre que pour étendre son commerce, la défense du territoire ne réunit plus les cœurs dans un intérêt commun; l'amour de la patrie ne les échauffa plus, il fit place à l'amour des richesses; et les citoyens se corrompirent au sein même des combats.

Il en fut de même de Carthage. Elle fit constamment la guerre; mais elle la fit pour fonder des établissemens de commerce et s'emparer du monopole de l'Univers. L'amour de la patrie n'étoit pas le mobile de ces guerres; aussi n'empêchèrent-elles pas les citoyens de se corrompre. Les richesses qu'elle amassa mirent entre eux une grande inégalité. Des factions en résultèrent, et leur conflit nuisit à ses conquêtes, ainsi que le prouve l'histoire d'Annibal. Bientôt la corruption des particuliers devint celle de la république. Du faîte des grandeurs elle tomba dans l'abaissement de la servitude. Cette opulente cité qui avoit fait trembler les Romains, vit sa gloire s'évanouir et ses murailles s'écrouler. Quelques pierres éparses çà et là, annoncèrent sa place au voyageur, et Marius fugitif, alla s'asseoir sur ses débris.

Les institutions de Lacédémone au contraire, se rapportoient toutes à la guerre. Les richesses en étoient bannies; le commerce, l'agriculture et les arts étoient livrés à des esclaves; les exercices du gymnase occupoient seuls les hommes libres; et afin que tout marchât vers un même but, on ôta la pudeur aux femmes pour y substituer les vertus guerrières. Sparte devint un camp où l'esprit belliqueux entretint sans cesse l'amour de la patrie. C'est par ces chemins, dit Montesquieu, que Sparte est menée à la grandeur et à la gloire; mais avec une telle infaillibilité de ses institutions, qu'on n'obtenoit rien contre elle en gagnant des batailles, si on ne parvenoit à lui ôter sa police.

Rome enfin, destinée à être la maîtresse

du monde, brilla long-temps d'un vif éclat, parce que engagée dans des guerres continuelles, l'amour de la patrie échauffoit sans cesse les ames; et lorsque des divisions intestines alloient déchirer son sein, de nouveaux combats appeloient les patriciens et les plébéïens, faisoient cesser leurs querelles, et les réunissoient contre l'ennemi. Rome ne se corrompit que lorsque ses légions et ses généraux envoyés par elle aux extrémités de l'Univers, n'eurent plus devant les yeux la ville éternelle; que leur amour pour elle s'affoiblit par les distances, et fit place à l'ambition et à la cupidité.

Nous le voyons clairement; la guerre est nécessaire pour entretenir la vertu politique et empêcher le Gouvernement démocratique de se corrompre. Quel est donc ce Gouvernement qui ne peut exister qu'au sein du carnage, au milieu des cris des mourans, de la joie féroce des vainqueurs, des lamentations des vaincus et des villes embrasées!

Chose étonnante! ces peuples de la Germanie que les Romains traitoient de barbares, avoient une forme de gouvernement qui ressembloit beaucoup à celui des républiques anciennes. La guerre étoit pour eux un besoin de première nécessité; c'est elle qui confondoit tous les intérêts dans un intérêt commun, qui empêchoit les divisions de s'établir, qui les appeloit dans des assemblées générales, où tous les suffrages étoient recueillis. Mais qu'on observe aussi les peuplades de l'Amérique : on y verra le même intérêt commun, les mêmes assemblées générales, les mêmes formes démocratiques. Voilà donc où ont abouti les efforts des Législateurs de l'antiquité ! Le génie n'a donc pu avoir d'autres résultats que de donner à ces républiques le Gouvernement des peuples errans !

Mais gardons-nous d'accuser ces Législateurs. Ils ne purent détruire le vice fondamental des Gouvernemens de l'antiquité. La puissance législative et l'administration suprême étoient entre les mains du peuple, qui ne voulut pas s'en dessaisir. Ils furent obligés de laisser à la généralité des suffrages toute son influence, au nombre toute sa force ; mais aussi, pour affoiblir ce vice fondamental, ils créèrent des institutions sublimes qui les recommandent à l'admiration du genre humain.

Qu'on observe ces institutions, et l'on sera

étonné des efforts qu'ils ont faits pour soumettre aux lois de la raison une multitude fougueuse. Tous se sont accordés dans la création d'un sénat composé des hommes les plus vertueux et les plus éclairés, et destiné à être le conseil d'Etat du peuple. Tous ont établi ces tribunaux de mœurs, ces censeurs publics qu'on ne retrouve plus chez les Modernes, et qui veilloient sans cesse à ce que la corruption ne s'introduisit pas dans la république.

Mais ces institutions, quelque sublimes qu'elles fussent, ne détruisoient pas dans sa source le vice fondamental de ces Gouvernemens. Tant que la multitude n'étoit pas réunie dans un intérêt commun, l'autorité d'un sénat, d'un aréopage et d'un censeur étoit illusoire. Le peuple agité par des orateurs, corrompu par ses courtisans, étoit le jouet de l'ambition et de l'intrigue. Ses résolutions n'étoient que ses fantaisies; ses lois n'étoient que ses caprices.

Il n'en est pas de même dans les républiques aristocratiques. La multitude n'y prend aucune résolution active; mais aussi d'autres vices fondamentaux y remplacent ceux des démocraties.

9*

La classe des privilégiés, en d'autres termes, la classe aristocratique, a, dans ce Gouvernement, toute l'influence et tout le pouvoir. Le défaut de ce Gouvernement provient de ce qu'il n'est pas éclairé par l'opinion publique, de ce qu'il n'a d'autre mobile que sa propre *modération*.

Sous un Gouvernement représentatif, le Roi, élevé au-dessus de toutes les classes de citoyens, n'est mu par les intérêts particuliers d'aucune d'elles. Il peut s'élever facilement à la connoissance des intérêts nationaux, en consultant la classe éclairée dont les monumens sont sous ses yeux. Les Chambres législatives présentent à ses regards les principes les plus favorables à la félicité publique, et il puise sans cesse dans le dépôt des connoissances humaines.

Mais il n'en est pas de même dans les aristocraties ; tout ce qui tend à généraliser les vues des hommes d'Etat, à ôter à la classe privilégiée ses prétentions exclusives, à faire connoître les intérêts nationaux, offense le jaloux orgueil de la classe qui gouverne et menace ses prérogatives. Aussi ce Gouvernement est-il ombrageux ; il se défie de ses sujets et de ses membres ; il craint que les premiers ne se révoltent, et que lés autres n'aspirent, soit à l'oligarchie, soit à la tyrannie.

Les institutions se ressentent de cet esprit de jalousie. La liberté de la presse n'existe pas; la censure la plus tyrannique y arrête l'essor de la pensée. Le Gouvernement poursuit jusque dans l'ombre, jusque dans le secret des familles, les victimes de ses soupçons. Voyez à Venise, cette bouche de pierre où les délateurs jettent leurs billets. Vous diriez, dit Montesquieu, que c'est celle de la tyrannie.

Comment la liberté de la presse pourroit-elle exister? il n'en est pas ici comme sous le Gouvernement représentatif, où les écrits qui défendent les droits des nations et provoquent le règne des lois, loin d'attaquer le Monarque, ne font qu'affermir son autorité, où ces écrits ne menacent que les prétentions des classes qui veulent être exclusives. Dans l'aristocratie, on ne peut attaquer les prétentions exclusives de la classe aristocratique, sans attaquer le Gouvernement, qui se confond avec elle. L'auteur qui les attaque est un sujet révolté, et la vérité conspire.

Il est donc impossible que la classe éclairée

puisse s'y former , que l'opinion s'y transforme en raison publique. Sans doute, comme
dit Montesquieu, le principe de ce Gouvernement est la *modération*. Mais ce principe
tend sans cesse à se corrompre, parce qu'il
est une vertu.

Cependant les Cantons Suisses réclament
une exception. Chez ce peuple plein de pro-
bité, de sagesse et de loyauté, la stérilité du
terrain impose aux grands et aux petits la
simplicité des habitudes. La frugalité y est
un fruit du climat : mille vertus en résultent ;
les mœurs y sont pures et sévères, la modération y est la compagne de la grandeur , et
les mêmes besoins donnent aux gouvernans
et aux gouvernés les mêmes goûts et les
mêmes intérêts. Aussi ce Gouvernement,
quoique aristocratique, conservera-t-il son
principe et sa constitution, parce qu'il repose sur une base naturelle et immuable.

Nous voici arrivé à la monarchie, qui repose sur les trois ordres de l'Etat. Ce que
nous en avons déjà dit, nous dispense d'entrer dans de longs détails.

Ce Gouvernement est fondé sur l'équilibre des intérêts, et se montre à l'époque
qui précède la civilisation , à cette époque où

es intérêts particuliers des diverses classes de la société se balancent entre eux ; où la noblesse a ses priviléges , le tiers-état ses libertés, le clergé ses immunités ; où chacun des ordres de l'Etat a ses députés qui le représentent et le défendent ; où le Monarque , arbitre suprême, empêche qu'ils n'empiètent les uns sur les autres.

Ce Gouvernement est conforme à la nature des choses, et s'adapte parfaitement à l'époque où on le voit se montrer. Il n'est pas le plus parfait de tous, mais il est celui qui convient le mieux au temps pour lequel il est fait. Il semble arriver pour annoncer la civilisation ; il est le précurseur du Gouvernement représentatif.

Dans ce Gouvernement, il n'existe pas d'intérêts nationaux ; et le Monarque ,au lieu de consulter les besoins de tous., consulte les besoins particuliers de chacun des ordres de l'Etat. Des circonstances extraordinaires imposent-elles de nouvelles charges ? il s'adresse à chacun des ordres ; fait un appel à leur généreux dévouement ; et l'impôt, loin d'être périodique , n'est qu'une subvention que commandent des besoins imprévus. Les plaintes de ses sujets parviennent-elles jusqu'au trône ? il consulte les ordres de l'Etat sur les abus qui se sont glissés dans les diverses branches de l'administration ; il reçoit leurs doléances, se retire et juge. Mais remarquez bien que ces Etats-Généraux, formés par la réunion des députés des trois ordres, n'ont aucune attribution législative. Ces ordres ne sont pas des pouvoirs constitués ; mais les classes de la société qui se réunissent auprès du Monarque, et lui font entendre leur voix par l'organe de leurs députés. Leurs décisions n'ont force de loi que lorsqu'il s'agit d'un nouvel impôt ; et la raison en est simple : l'impôt est une subvention, un don gratuit, l'abandon d'une partie de la propriété ; ce don ne peut avoir lieu sans le consentement de celui qui donne. Mais lorsqu'il s'agit des autres points de législation, le Monarque, pour se décider, n'attend pas le suffrage des Etats-Généraux. Il ne les consulte que dans les cas extraordinaires, dans les circonstances imprévues, lorsque des plaintes s'élèvent de toutes les parties du Royaume, et menacent le bonheur des peuples, et sa tranquillité personnelle.

Dans cette forme de Gouvernement, le Monarque n'a qu'un seul but, celui de main-

tenir l'équilibre des classes de la société,
dont les intérêts se balancent entre eux.
Mais cet équilibre n'est pas cette balance de
pouvoirs, chimère politique, illusion de la
théorie; c'est une balance entre les classes
de la société.

Cette forme de Gouvernement offre un
vice qui n'a pas été remarqué. Comme tous
les intérêts y sont séparés; qu'ils se balancent entre eux, et cherchent à empiéter les
uns sur les autres; le temps arrive où cet
équilibre se rompt, et l'ordre social en est
ébranlé.

En effet, cet équilibre ne peut être durable, parce que l'esprit humain tend, par
sa nature, à remonter aux premiers principes de législation, de morale et des autres
sciences; qu'il apprend à généraliser ses
vues; et que dans cette division de classes
dont les intérêts sont distincts, il aperçoit
des intérêts généraux.

Pour que les intérêts se généralisent, il
faut que chacune des classes de la société
efface ces différences trop marquées, qui
empêchent les citoyens de se réunir dans
un intérêt commun. Mais des résistances
s'opposent à cette réunion des intérêts, et

entravent la marche de l'esprit humain. Il
en résulte des luttes, et ces luttes amènent
des révolutions (1).

Un exemple fera mieux sentir cette vérité,
que ne le feroient de longs raisonnemens.
Aussi, dans le chapitre suivant, parlerons-
nous de la Monarchie française avant la révolution, et des causes principales qui en
ébranlèrent les fondemens.

Arrêtons-nous ici. Trois sortes de Gouvernemens viennent de passer sous nos yeux; et
ces trois sortes de Gouvernemens ont des
vices fondamentaux qui en préparent la ruine.
Le Gouvernement représentatif est seul durable, parce qu'il repose sur une base impérissable.

Fondé sur le développement de la raison
publique, et sur l'existence de la classe éclairée; il prend chaque jour de nouvelles
forces, et s'accroît du produit des lumières,

---

(1) Il peut arriver aussi qu'avant la formation de la
classe éclairée l'équilibre se rompe, que le tiers-état
soit affoibli, et le pouvoir des grands élevé au-dessus
de tous les autres. Le Gouvernement prend alors une
forme aristocratique, et l'autorité royale n'est plus
qu'un fantôme. L'Histoire nous en offre plusieurs
exemples.

et des progrès de l'esprit humain. Il n'est pas comme les Gouvernemens populaires, qui, fondés sur la vertu politique, dépendent de la force et de l'affoiblissement de ce principe, et ne peuvent se maintenir qu'au sein de la guerre. Il n'est pas comme les aristocraties, où l'orgueil jaloux de la classe aristocratique menace la liberté publique, et arrête l'essor de la pensée. Il n'est pas comme les monarchies fondées sur les trois ordres de l'Etat, où la marche de l'esprit humain tend sans cesse à rompre l'équilibre entre les diverses classes de citoyens, où des luttes entre leurs intérêts préparent ces révolutions qui changent la face des Empires, et plongent les peuples dans leur propre sang. Le Gouvernement représentatif est le Gouvernement de la civilisation : il est impérissable comme l'esprit humain.

CHAPITRE V.

De la Monarchie française avant la révolution, et des Causes principales qui en préparèrent la ruine.

LA Monarchie française a parcouru les divers états par où passent les peuples pour arriver à la civilisation. Sous la première race, les Francs libres, indépendans et belliqueux avoient conservé quelques-unes de ces formes démocratiques qui distinguent les peuples errans. Occupés de la conquête des Gaules, le besoin de la guerre unissoit tous les intérêts, tous les vœux, toutes les pensées. La classe aristocratique n'étoit pas encore formée, et la nation offroit des soldats plutôt que des propriétaires. Réunis dans les assemblées du Champ-de-Mars, ils présentoient l'image d'une grande armée, et non celle d'une assemblée délibérante. Cependant les objets des délibérations, toujours proposés par les grands, n'avoient force de loi que lorsqu'ils avoient été approuvés par la multitude. Les anciens monumens de notre Histoire attestent la vérité de ce fait. On y voit que les lois étoient discutées dans un conseil des grands : *inito consilio cum proceribus ;* et qu'ensuite elles étoient soumises à l'approbation de l'assemblée. Le règne de Clotaire II nous en offre un exemple. Dans le préambule de la loi Salique, corrigée sous ce Prince, on voit qu'elle fut approuvée par trente-trois évêques, trente-quatre ducs, soixante-dix-neuf comtes, et le reste de la nation (1).

Mais lorsque la conquête des Gaules fut avancée ; que les Français, répandus sur le territoire, ne formèrent plus une grande armée ; que les propriétés furent distribuées au gré de la force, de l'habileté et du hasard, ces assemblées du Champ-de-Mars cessèrent de réunir la nation. Aussi nos anciens Historiens conviennent-ils que le Champ-de-Mars ne fut plus convoqué régulièrement sous les petits-fils de Clovis. En effet, l'Histoire n'offre plus alors que des ordonnances discutées

---

(1) *Temporibus Chlotarii Regis unà cum principibus suis , id sunt* 33 *episcopis, et* 34 *ducibus , et* 79 *comitibus , vel cætero populo constituta est.*

dans le conseil des grands. La nation dissé-
minée sur le territoire ne concourt plus à la
puissance législative, et la classe aristocratique a déjà son influence accoutumée.

Voilà donc le peuple français arrivé au
second état de la société, à l'état de vie sédentaire; mais arrêtons-nous. Le règne de
Charlemagne va nous offrir un phénomène qui doit fixer notre attention. Ce grand
Prince renouvela le Champ-de-Mars; mais
les assemblées nationales ne présentèrent
plus le même caractère que sous la première
race. Observez les unes et les autres : vous
verrez que dans les premières, les intérêts
des diverses classes de la société ne sont pas
encore séparés ; que l'assemblée entière approuve ou rejette les lois proposées par les
grands, tandis que dans les assemblées con-
voquées par Charlemagne, les trois ordres
de l'Etat sont séparés les uns des autres, et
délibèrent séparément. En effet, lisez la relation d'Hincmar. Qu'y voyez-vous? une
assemblée composée des évêques, des abbés,
des comtes, des seigneurs et des députés du
peuple. Qu'étoient ces députés du peuple?
c'étoit les assesseurs des juges, connus sous
le nom de Scabins ou de Rachinbourgs, dont

le nombre quelquefois étoit suppléé par des notables ; c'étoit encore les avoués des Eglises. Un capitulaire le dit. Il ordonne que chaque comte conduise avec lui douze scabins ; que s'il ne s'en trouve pas un pareil nombre, il soit suppléé par les notables du comté ; que les avoués des Eglises viennent avec les évêques et les abbés (1).

Ces scabins, ces notables et ces avoués, formoient une espèce de tiers-état, qui pouvoit être considéré comme une Chambre législative. Les trois ordres, ou, en d'autres termes, les Chambres du clergé, de la noblesse et du peuple, discutoient séparément les lois ; et lorsqu'ils se réunissoient, c'étoit pour se communiquer les règlemens que chaque ordre avoit fait pour sa police et ses intérêts particuliers, ou pour discuter des affaires qui, tenant à la fois au spirituel et au temporel, étoient relatives à tous les ordres de l'Etat.

____

(1) *Vult dominus Imperator ut in tale placitum quale ille nunc jusserit, veniat unusquisque comes, et adducat secum duodecim scabinos, si tanti fuerint ; sin autem, de melioribus hominibus illius comitatus suppleat numerum duodenarium, et advocati, tam episcoporum, abbatum ut eis veniant* (Capit. 2, an. 819, art. 2).

L'objet de la politique de Charlemagne fut de maintenir l'équilibre entre les classes de la société, et de les diriger vers le bien public. Aussi forma-t-il des assemblées législatives; mais son ouvrage ne put être durable. Il étoit le fruit de son génie, et non celui du temps. Il voulut former un tiers-état, et l'appeler à la discussion des affaires publiques; mais le tiers-état n'existoit pas encore. Ces scabins, ces notables, ces avoués des églises, ne formoient pas un corps dont les intérêts fussent réunis dans une défense commune. C'étoit des hommes dépendans et isolés, qui, bientôt opprimés par la classe aristocratique, furent confondus avec les victimes. Le génie de Charlemagne put seul les soutenir. Dès que ce Prince n'exista plus, l'équilibre se rompit, l'édifice politique qu'il avoit élevé s'écroula, et ses débris se dispersèrent au milieu des horreurs du régime féodal.

Quelque grand que soit le génie d'un Législateur, il ne peut fonder de durables institutions, si le temps ne travaille avec lui. Charlemagne l'éprouva. Plus tard les Etats-Généraux s'élevèrent d'eux-mêmes sous des Princes qui n'avoient pas son génie, parce que le temps les amenoit. Le tiers-état étoit formé; les communes avoient des magistrats municipaux, des milices, des corps réguliers, des chefs qu'elles avoient choisis; et les nouveaux intérêts qui résultèrent des développemens de l'industrie, étoient mis sous la protection du Gouvernement municipal.

Dès que le tiers-état eut acquis de la consistance, les Rois l'appelèrent dans les conseils nationaux toutes les fois que des événemens extraordinaires, ou la demande d'un impôt exigèrent le concours de la nation. Philippe-le-Bel fut le premier qui convoqua les Etats-Généraux, parce que sa guerre contre les Flamands rendit insuffisans les revenus de la Couronne et exigea une subvention.

Ce qui caractérise ce troisième état de la société, c'est que les trois ordres, ainsi que je l'ai déjà remarqué, n'ont aucune attribution législative.

Il n'en étoit pas ainsi sous la première race et sous Charlemagne. Sous la première race, les objets qui intéressoient la nation, étoient discutés dans l'assemblée du Champ-de-Mars, dont l'approbation étoit nécessaire. Sous Charlemagne, les assemblées du Champ-de-

Mai présentoient trois ordres de citoyens, dont les intérêts étoient distincts ; mais chacun de ces ordres avoit une attribution législative, et les capitulaires n'avoient force de loi, que lorsqu'ils avoient été acceptés par eux.

Sous Philippe-le-Bel, au contraire, et sous quelques-uns de ses successeurs, le Monarque faisoit des lois, et l'approbation des trois ordres n'étoit pas exigée. Il ne les convoquoit que pour demander des subsides et connoître les vœux et les plaintes de ses sujets. Enfin, le pouvoir législatif étoit si peu dans les attributions des Etats-Généraux, que ceux (1) qui furent rassemblés sous le roi Jean, et qu'on n'accusera pas de trop de déférence pour l'autorité royale, reconnurent qu'au Monarque seul appartenoit le droit de faire des lois.

Mais bientôt tout change. Les Etats-Généraux ne sont plus que rarement convoqués; l'influence du tiers-état s'affoiblit; le pouvoir des grands se fortifie; l'équilibre se rompt : et la France va tomber sous le joug de la puissance aristocratique ou dans le despotisme

____

(1) An 1355.

d'un seul. Mais un génie bienfaisant veille sur elle ; il la retient au bord du précipice.

Par quelles causes l'équilibre s'est-il ainsi rompu ? par quelles causes s'est-il rétabli ? C'est ce que nous allons examiner.

Les Etats-Généraux renfermoient un principe de décadence qui prépara leur ruine, et que nous allons faire connoître.

Indépendamment des intérêts particuliers des diverses classes de la société, intérêts qui modifient l'opinion publique, il existe chez toutes les nations un esprit d'opposition qui naît du mécontentement produit par les abus. Ces abus émanent de celui qui gouverne, ou plutôt de ceux qu'il revêt de sa confiance. Ils pèsent sur toutes les classes de la société. Mais quelquefois les intérêts de quelques-unes de ces classes forment avec eux une alliance funeste à la nation. Alors se joint à l'esprit d'opposition, une lutte entre les classes de la société ; et ces luttes amènent des guerres intestines qui déchirent le sein de la patrie, et font gémir l'humanité.

Le bonheur ou le malheur des peuples dépend de la manière dont cet esprit d'opposition est dirigé. Lorsque c'est la classe éclairée qui le dirige, la sagesse préside à cette direction ; elle ramène tout à des principes certains, à des notions justes, à des idées lumineuses ; elle forme un jugement public, contre lequel viennent se briser les abus, et que respectent les agens de l'autorité. Que l'on ne révoque pas en doute cette influence salutaire. L'homme, quel que soit le rang qu'il occupe, veut vivre dans l'estime des hommes ; quand l'opinion publique est épurée par des idées saines et des principes favorables au bonheur des peuples, il se courbe devant elle et n'ose secouer son joug. Voyez comme les tyrans cherchent à corrompre le cœur et à gâter l'esprit de leurs sujets. Ils craignent le frein de la raison publique, et se composent une opinion toute rampante, toute servile, toute corrompue.

Mais lorsque la classe éclairée n'existe pas encore, l'esprit d'opposition est dirigé par les passions humaines ; leur fougue impétueuse entraîne tout ; elles détruisent tout à la fois les abus et ceux qui les soutiennent ; et semblables à ces rapides ouragans qui changent la face des mers et celle de la terre, elles ébranlent les fondemens de la société, et bouleversent l'Etat au lieu de le changer.

Appliquons ces observations à la Monarchie française.

Les Etats-Généraux chargés de présenter au Monarque les plaintes de la nation, et de demander la suppression des abus, dirigeoient l'esprit d'opposition. Cet esprit fut mal dirigé, parce que la classe éclairée n'étoit pas encore formée. Voilà le principe de décadence qui entraîna la ruine des Etats-Généraux.

Remontez à l'époque de la captivité du roi Jean. Dans toute l'étendue de la France le mécontentement croissoit avec les abus. L'altération des monnoies, les dilapidations des fonctionnaires ; le mauvais état des finances excitoient les plaintes de tous les ordres de l'Etat, et détruisoient la confiance des citoyens. L'insubordination remplaçoit la règle ; l'anarchie étoit par-tout, les lois nulle part.

Au milieu de ce désordre général, Charles V convoque les Etats (1). A peine ils sont convoqués, que leur mécontentement éclate qu'un esprit de sédition se manifeste en eux et annonce le mépris et la haine de l'auto-

____

(1) An 1356.

rité. Le Dauphin nomme-t-il les Ministres de
son père pour s'occuper avec leurs commissaires d'un travail préparatoire sur les griefs
de la nation? ils sont forcés de se retirer; on
leur défend d'assister aux conférences. Les
commissaires des Etats-Généraux se présen-
tent-ils devant le Dauphin? c'est pour lui
imposer des conditions, pour lui enjoindre
de faire leur procès à tous les fonctionnaires
qui se sont attirés leur haine, pour le forcer
de composer son Conseil de quatre prélats,
douze seigneurs et douze députés des communes nommés par eux.

A peine ont-ils vérifié leurs pouvoirs,
qu'ils parlent en maîtres, empiètent sur
l'autorité royale, menacent ses prérogatives
et affoiblissent le respect qui lui est dû. Quels
sont les résultats de leur conduite? ils attirent sur leur tête la haine des fonctionnaires
et le courroux du Dauphin, qui les casse; ils
allument dans la capitale et dans les provinces le feu de la sédition. Alors le sein de
la France est déchiré par mille fléaux; des
compagnies de brigands portent par-tout la
désolation et le carnage. Les cultivateurs se
révoltent dans les campagnes, les factions se
forment, les lois sont sans force, le Dau-

phin sans autorité. Marcel, à la tête de la populace de Paris, plonge la nation dans les horreurs de l'anarchie, et menace de renverser son Roi légitime du trône de ses pères.

Mais le ciel avoit donné à la France un Roi digne de l'éclairer et de la conduire. Charles V monte sur le trône et tout change de face. Sa haute sagesse lui montre dans la position de son peuple les moyens de le gouverner. Il voit que les lumières n'ont pas encore fait assez de progrès pour qu'il puisse s'entourer des Représentans de la nation ; les Etats de 1356 sont sans cesse présens à son esprit. Il prend seul les rênes du Gouvernement, fait respecter les lois, les fonctionnaires et les propriétés. Alors les abus disparoissent, les passions se taisent, les brigands se cachent, la confiance renaît ; et les bénédictions du peuple montent jusqu'au trône de son Roi.

Mais ce bonheur disparoît comme un songe. Charles V meurt. Il laisse pour héritier de sa puissance un Prince insensé. La folie s'assied sur le trône où brilla la sagesse. Les abus renaissent de leurs cendres. Les fléaux fondent en foule sur la France désolée; et les rênes de l'Etat, incertaines dans les mains du Monarque, sont abandonnées aux caprices et aux fureurs de quelques ambitieux.

Ces malheurs furent produits par l'ignorance, mère de tous les fléaux. En effet, lorsque les lumières n'ont encore fait aucun progrès, lorsque la classe éclairée n'existe pas, l'opinion publique est sans règle, les passions sans contre-poids; les dangers naissent de toutes parts. La nation est tour-à-tour menacée par ses représentans, par ses chefs, par les grands de l'Etat. Les premiers lui présentent l'anarchie; les seconds, le despotisme; les troisièmes, une humiliante oppression.

A l'époque du règne de Charles VI, la France fut menacée de tomber dans le pouvoir aristocratique des grands. L'autorité royale n'étoit qu'un fantôme; le tiers-état étoit opprimé. Les oncles du Roi faisoient peser un joug de fer sur notre malheureuse patrie. Par-tout des victimes ou des satellites de la tyrannie. Paris étoit consterné; la terreur habitoit dans ces murs où règnent aujourd'hui les sciences et les arts, les plaisirs et l'urbanité.

Comment se fait-il que la nation ait échappé au pouvoir aristocratique qui la menaçoit?

Du milieu de nos institutions féodales, nos Rois ressaisirent le droit de juger en dernier ressort, les causes de leurs sujets. Le conseil d'Etat devint donc la Cour suprême du royaume, et presque tous les appels y furent portés. Mais l'abondance des causes judiciaires força Philippe-le-Bel de partager le conseil d'Etat en deux parties, dont l'une, occupée de l'administration du royaume, entouroit sans cesse le Roi et l'accompagnoit dans ses voyages, et dont l'autre jugeoit les procès des particuliers : celle-ci prit exclusivement le nom de Parlement.

Bientôt la Cour féodale est transportée dans le Parlement, qui devient la Cour des Pairs. Il étonne la France par la sagesse de ses arrêts, les lumières et l'énergie de ses membres.

Cette institution admirable fut l'appui de la nation et de l'autorité royale. Obligé de faire exécuter les lois, le Parlement devoit en être le dépositaire ; il devoit, par conséquent, les enregistrer. Obligé de suivre dans ses jugemens des règles fixes, des principes certains, de juger aujourd'hui comme il jugea hier; il devoit opposer une barrière à la versatilité du Législateur, défendre à l'intrigue et au caprice de bouleverser la législation établie; il devoit donc avoir le droit de remontrances.

Les Parlemens ont sauvé la France et la Monarchie. Voyez comme sous Charles VI, le Parlement de Paris s'oppose aux évocations provoquées par les oncles du Roi; comme l'avocat-général, Juvénal-des-Ursins, à la tête d'une députation de ce corps auguste, force le duc de Bourgogne à abaisser son orgueil devant la majesté des lois.

Les fastes de notre Histoire proclament la gloire de notre antique magistrature. Toutes les époques de la Monarchie ont vu nos Parlemens fidèles à leur Roi, inflexibles contre les factieux, amis des lois et de la Religion. Tour-à-tour repoussant l'ambition des grands, la fougue de la multitude, les empiétemens du pouvoir arbitraire; ils ont conservé à la France les lois dont ils étoient dépositaires; elle leur doit sa liberté, ses moeurs, sa législation et sa Monarchie.

Par eux, l'esprit d'opposition, que firent naître les abus, reçut une direction salutaire.

Tout fut ramené à la règle, aux maximes anciennes, aux principes fondamentaux que la tradition avoit conservés. Ainsi, l'équilibre se maintint entre les classes de la société, les passions se brisèrent contre la barrière des lois ; et lorsque le trône, ébranlé par les fureurs de la Ligue, alloit s'écrouler dans le sang, dont le sol de la France étoit inondé, le Parlement sauva la patrie par ce mémorable arrêt qui mit un frein à la révolte et consacra le principe de la légitimité.

Cependant quels que soient les services rendus à la nation par les Parlemens, on ne peut s'empêcher de convenir qu'ils ont mis quelquefois des entraves à la marche de l'esprit humain, et que leur existence a été une des causes de la révolution.

Mais il est nécessaire de reprendre les choses de plus haut, et d'examiner les différentes causes de cette révolution dans l'ordre où elles se présentent le plus naturellement.

La constitution de l'ancienne Monarchie fut excellente, tant que les lumières ne furent pas répandues dans la société, tant que l'esprit humain ne s'exerça que sur des objets d'une frivole curiosité et d'une pédantesque érudition. Cet équilibre qui régnoit entre les ordres de l'Etat, et qui fut maintenu par la puissance intermédiaire des Parlemens, convenoit à l'époque qui précède la civilisation : plus tard il ne convint plus.

Un changement de constitution étoit donc nécessaire, puisque l'ancienne Monarchie reposoit sur des bases qui n'étoient pas conformes aux progrès des lumières. En effet, lorsque l'esprit humain, appliqué aux matières de législation, de morale et d'économie politique, eut contracté l'habitude de remonter aux principes des choses, il y eut contradiction entre les idées acquises et les institutions existantes. D'un côté, l'on apercevoit le clergé, la noblesse, le tiers-état séparés les uns des autres par des droits et des intérêts différens; et de l'autre, l'esprit humain s'élevant jusqu'aux premiers principes de la législation apercevoit des droits communs, des intérêts semblables et des obligations qui lioient également tous les membres de la société.

Il falloit donc que les trois classes se rapprochassent les unes des autres, que leurs intérêts se confondissent; que la noblesse abandonnât ses priviléges, le clergé ses immunités, le tiers-état ses droits municipaux.

Ce rapprochement, commandé par les progrès de l'esprit humain et l'intérêt général, pouvoit seul prévenir la tempête révolutionnaire qui a désolé notre patrie. Mais ne calomnions pas la nation. Déjà les lumières s'étoient répandues dans toutes les classes, et avoient vaincu les résistances de l'orgueil et de l'intérêt personnel. Déjà les grandeurs humaines avoient donné le signal des sacrifices, du mépris des préjugés politiques, du mépris de toutes les vanités. Du haut de ce trône où il fit asseoir la vertu la plus austère et une céleste bonté, Louis XVI, comme un autre Titus, marquoit chacune de ses journées par l'abolition de quelques droits, de quelques usages onéreux à son peuple. Ce bon, cet excellent Roi, le plus vertueux des hommes, le mieux fait pour les rendre heureux, sembloit un ange de paix descendu sur la France pour donner à toutes les classes l'exemple des sacrifices que commandoit l'intérêt public.

Tout concouroit à rapprocher les esprits, à confondre les sentimens, à unir les intérêts. Chaque jour voyoit s'effacer les différences trop marquées qui séparoient le tiers-état de la noblesse. Les préventions et les

haines s'affoiblissoient. Les hommes de différentes classes cherchoient des jouissances
communes dans les mêmes idées, dans les
mêmes principes, et la classe éclairée,
agrandie chaque jour par d'honorables transfuges, formoit une classe nouvelle dont l'o-
pinion étoit dominante.

Cette époque est la première en France
où l'on ait vu l'opinion publique dirigée par
les hommes éclairés. Les seigneurs et les
prélats sollicitoient leurs suffrages, redou-
toient leur censure, grossissoient leur cortége. Le savant et l'homme de lettres n'étoient
plus des objets de luxe à la table des grands.
Ils régnoient impérieusement sur les esprits,
donnoient aux uns la gloire, aux autres la
honte, et formoient une puissance devant
laquelle se courboient les grandeurs humaines.

Les idées se répandent en France avec
plus de facilité que chez aucun peuple de
l'Europe. Les lumières s'y communiquent
aux esprits avec la rapidité d'une flamme
électrique. Le Français vif, pénétrant, bril-
lant d'esprit, étincelant de saillies, ne se
traîne point pesamment de raisonnement en
raisonnement, de déduction en déduction,

sur une longue chaîne d'idées ; il a des illu-
minations soudaines qui lui découvrent
toutes les faces des objets ; et son esprit est
comme l'éclair qui brille à tous les points de
l'horizon.

On peut tout attendre de ce peuple spirituel, sensible et généreux, de ce peuple
qui sera toujours le premier de tous tant
qu'il ne se livrera qu'à son propre génie ;
de ce peuple qui pourra être vaincu par
la fortune, mais qui tiendra toutes les nations asservies à ses lumières ; de ce peuple
enfin qui sait combattre ses ennemis, éclairer
le genre humain par les écrits de ses philosophes et les découvertes de ses savans, et le
charmer par les productions de ses orateurs
et de ses poëtes.

Transportez-vous à l'époque qui précéda
la révolution. Vainement le clergé, la noblesse et le tiers-état ont des intérêts particuliers qui les séparent les uns des autres.
L'opinion se forme ; elle condamne ces distinctions, ces priviléges qui empêchent les
classes de se réunir, la législation de remonter à ses principes, l'ordre social de reposer
sur ses véritables bases ; et à sa voix tous les
ordres de l'Etat rivalisent de générosité, de

patriotisme et de grandeur d'ame. Oui, quel que soit le jugement que la postérité porte de notre sanglante révolution, la France trouvera sa justification dans ces cahiers des trois ordres qu'elle peut montrer avec orgueil. Comme les intérêts particuliers s'y taisent! comme l'intérêt général y parle plus haut que les passions! avec quel généreux abandon le clergé, la noblesse et le tiers-état y renoncent à leurs priviléges, à leurs droits municipaux! Là, se montre le vœu national; là, se découvre le caractère français. Que les partis ne s'accusent plus; qu'ils cessent de se rejeter tour-à-tour les crimes de la révolution. Les cahiers des trois ordres sont un monument impérissable qui sépare à jamais la Nation française de ces hommes coupables qui la plongèrent dans le sang.

Mais comment ce vœu national si noblement exprimé dans les cahiers, ne prévint-il pas la tempête révolutionnaire? En d'autres termes : quelles sont les causes de cette révolution qui a désolé la France, et menacé l'Europe?

Ces causes se trouvent dans la direction que reçurent les esprits lorsque la classe éclairée commença de se former, dans les obstacles qui l'empêchèrent de découvrir la vérité, dans les luttes qui résultèrent de ces obstacles, et les passions qui en furent le fruit.

En effet, examinez la marche de l'esprit humain, et remontez aux onzième et douzième siècles. Les ténèbres de l'ignorance couvrent et la France et l'Europe; l'esprit humain ne laisse échapper que quelques étincelles; et ces étincelles sont des éclairs au milieu d'une nuit obscure. Les peuples et les Rois, les grands et les petits marchent au sein des ténèbres; la lumière fuit devant eux.

Cependant une foible lueur éclaire les monastères. Le clergé seul cultive son esprit, et le flambeau des lumières est tout entier dans ses mains; mais la clarté qu'il répand ne s'étend pas sur le vaste champ des connoissances humaines. Toutes les recherches de l'esprit humain se bornent à l'étude de la théologie, la seule science qui fût nécessaire au clergé.

C'est ici qu'il faut s'arrêter pour examiner les obstacles qui s'opposèrent à la formation de la classe éclairée. Au moment où le clergé se livroit à ses études théologiques, les écrits d'Aristote, ou du moins ceux de ses commentateurs furent apportés en France. Aussitôt accueillis par l'enthousiasme ils deviennent l'objet de l'adoration des écoles, et sont reçus comme un nouvel Evangile. Ses opinions sont regardées comme des canons de l'Eglise; ses décisions, comme des réponses de l'Esprit-Saint.

Alors une révolution se fait dans les études du clergé. La théologie n'est plus fondée sur la tradition et sur l'Ecriture. On lui applique la dialectique, présent funeste d'Aristote, méthode ingénieuse et frivole, qui apprend le mécanisme du raisonnement plutôt que l'art de raisonner. On mêle avec ses principes ceux de la métaphysique ténébreuse du philosophe grec; et au lieu d'étudier ces sciences séparément, au lieu de remonter à leurs vrais principes, on confond leurs idées et leurs notions. De cette confusion est né ce composé monstrueux des études du moyen âge, cette scolastique qui a multiplié les disputes, et arrêté l'essor de l'esprit humain.

Que résulta-t-il de cette confusion? qu'on ne put attaquer le péripatétisme sans attaquer en même temps la théologie; que les théologiens s'accoutumèrent si bien à appliquer la doctrine d'Aristote aux notions théologiques, qu'ils finirent par croire que l'on portoit atteinte à la sainteté de la Religion, et à la croyance de l'Église, lorsqu'on attaquoit les opinions du philosophe grec.

De là naquirent les persécutions des monastères, des écoles et des docteurs en théologie contre ceux qui les premiers secouèrent le joug d'Aristote, et ouvrirent une nouvelle route à l'esprit humain. On vit des hommes à jamais célèbres, admirables par leur génie, vénérables par leurs vertus, poursuivis comme des apostats et des athées. Il seroit facile de multiplier les exemples de cette déplorable persécution; mais il suffit de nommer Descartes. Vainement il oppose à ses persécuteurs son sincère amour de la Religion, et la pureté de ses mœurs. Ses vertus et son génie ne peuvent l'absoudre d'avoir renversé la philosophie d'Aristote.

Ces persécutions ont été un des principaux obstacles à la formation de la classe éclairée. Elles furent le résultat d'une fausse liaison d'idées, de l'habitude de mêler les principes du péripatétisme avec les notions de la théologie. Dans ces temps d'ignorance, la vraie méthode étoit inconnue. On ne savoit pas remonter aux idées premières de chaque science , et en suivre les développemens. On confondoit les principes les plus opposés , les notions les plus contraires.

Les conséquences de ces persécutions devinrent funestes. Les savans , entravés dans leur marche, arrêtés dans leurs découvertes, soumis au despotisme des écoles et des docteurs en théologie , finirent par regarder le clergé comme l'ennemi des lumières , et le persécuteur des hommes éclairés. Alors , ils formèrent contre les prêtres une ligue redoutable ; ils les attaquèrent avec fureur ; et, pour mieux secouer leur joug et renverser leur puissance , ils osèrent porter une main téméraire sur cette Religion sainte, fondement de l'ordre social , appui du juste opprimé , effroi du méchant , ouvrage de Dieu même.

Audace insensée ! criminelle entreprise! vengeance affreuse de l'orgueil ! Le dix-huitième siècle a vu se former cette ligue funeste. Tout-à-coup la classe éclairée devient hostile. Les passions entrent dans le cabinet des savans. Leur prisme trompeur teint les objets d'une couleur mensongère. Les esprits reçoivent une fausse direction , et le flambeau des lumières se transforme en une torche incendiaire qui doit bientôt embraser l'édifice politique.

Si, au lieu de prêter au clergé des intentions qui n'étoient pas les siennes; si, au lieu de le considérer comme l'ennemi des sciences, et le persécuteur des hommes éclairés, on eût étudié la véritable marche de l'esprit humain dans le moyen âge, on se fût aperçu que les persécutions des théologiens contre les savans avoient été le fruit d'une fausse liaison d'idées, de l'habitude de confondre ce qui doit être distingué, et de mêler les notions théologiques avec celles de la philosophie d'Aristote. Envisagées sous ce point de vue, les persécutions des théologiens n'eussent pas excité la haine des philosophes du dix-huitième siècle contre les ministres des autels; et la philosophie moderne, au lieu d'être une réaction, eût mérité les hommages de l'univers.

A Dieu ne plaise que je veuille contester aux philosophes du dix-huitième siècle, les titres qui les recommandent à notre admiration. De grandes vérités furent par eux découvertes, et des flots de lumière jaillirent de leur génie pour éclairer les générations futures. Mais l'orgueil égara leur plume, et la postérité qui, déjà existe pour eux, les accuse d'avoir soufflé dans la société cet esprit révolutionnaire, dont eux-mêmes eussent condamné les horribles résultats.

En effet, ce sont eux qui nous ont accoutumés à comprendre dans des accusations vagues et générales des classes entières de la société; parce que dans des siècles d'ignorance, les prêtres conduits par une fausse liaison d'idées ont cru voir la Religion attaquée, lorsqu'on n'attaquoit que la doctrine d'Aristote, les philosophes du dix-huitième siècle, en ont conclu que les prêtres étoient les ennemis des sciences, les persécuteurs des savans.

Cette funeste habitude d'accuser en masse des classes entières de la société, est ce qui constitue l'esprit révolutionnaire. Cet esprit est l'ennemi de la véritable science, qui remonte toujours à l'origine des choses, qui examine tous les objets en particulier, les suit dans leur enchaînement, et observe leurs rapports. La véritable science est ennemie des passions humaines. Elle s'afflige des erreurs, et fait marcher devant elle la concorde et la paix.

Mais poursuivons le cours de nos observations. La haine contre les prêtres fit naître la haine contre les Rois, et cela devoit être ainsi. Intéressés au maintien d'une Religion qui fait la force de l'ordre social, les Rois durent repousser tout ce qui pouvoit lui porter atteinte; et ils favorisèrent les persécutions contre les savans, parce qu'ils crurent que leurs découvertes sappoient les fondemens de notre croyance. La secte philosophique en conclut à son tour que les Rois étoient comme les prêtres, ennemis des lumières, et que les uns et les autres cherchoient à plonger les peuples dans les ténèbres de l'ignorance, afin de les tenir sous un double despotisme.

De cette haine contre les prêtres et contre les Rois, résultèrent de grands maux. Tandis que la vérité triomphoit des préjugés politiques, que les classes se rapprochoient, que la lumière, répandue par des écrivains à jamais célèbres, dissipoit les ténèbres de l'ignorance, que la classe éclairée acquéroit cette influence salutaire qui constitue la civilisation, on voyoit s'avancer en même temps le cortége des passions qui devoient un jour désoler notre malheureuse patrie.

Les ouvrages des philosophes du dix-huitième siècle, offroient tout à la fois le bien et le mal. A côté de ces grandes vérités qui tendoient à rapprocher les classes de la société, à détruire les priviléges qui les éloignoient les unes des autres, à leur donner des droits communs, se trouvoient la haine de l'autorité, le mépris de la Religion et cet esprit révolutionnaire que nous avons déjà signalé.

Les idées des philosophes modernes avoient tellement germé dans la société; elles étoient si généralement répandues, qu'on peut dire que tout ce qui étoit dans les livres avoit passé dans les esprits. Malheureusement le mal s'y étoit glissé avec le bien.

Dans une pareille circonstance, que falloit-il faire? Il falloit s'emparer du bien, le faire triompher du mal, en l'appuyant de toute la force de l'autorité royale. Il falloit enfin puiser dans les écrits des philosophes les vérités dont se composoit l'opinion de la classe éclairée, et les faire surnager au-dessus des préjugés et des intérêts particuliers qui pouvoient encore en arrêter le triomphe.

Telle est la marche qu'il falloit suivre. Pourquoi ne l'a-t-on pas suivie? c'est qu'on n'a pas connu la position où se trouvoit la nation française.

Elle sortoit de ce troisième état de la société, où les intérêts des diverses classes sont séparés les uns des autres, et se balancent entre eux. Elle entroit dans l'état de civilisation, dans cet état où l'esprit humain remonte aux premiers principes des différentes branches de législation, où les citoyens ne sont plus divisés par des priviléges et des droits municipaux, où soumis à des lois générales, ils ont des droits inhérens à leur nature, et indépendans de la classe où ils se trouvent placés.

Il falloit donc repousser les institutions qui ne pouvoient s'accorder avec le nouvel État, et en créer de conformes aux réformes que sollicitoient les progrès des lumières et le vœu national.

Or, c'est ce que l'on ne fit pas. On convoqua les Etats-Généraux, et l'on ne s'aperçut pas qu'ils ne convenoient plus à l'époque où la France étoit arrivée.

En effet, qu'étoient les Etats-Généraux? la réunion des trois ordres. Que faisoient ces trois ordres réunis? ils discutoient séparément. Pourquoi discutoient-ils séparément? parce qu'ils avoient des intérêts séparés les uns des autres, parce que la noblesse avoit ses priviléges à défendre, le clergé ses immunités à conserver, le tiers-état ses droits municipaux à maintenir. Ainsi donc les Etats-Généraux ne pouvoient convenir, qu'à l'époque où les classes de la société avoient des intérêts différens qui se balançoient entre eux. Mais lorsque l'esprit humain eut remonté aux premiers principes de la législation, lorsque la connoissance de ces principes eut fait sentir la nécessité de réunir les intérêts en les généralisant, et de rapprocher les citoyens en les faisant vivre sous des lois communes, des institutions nouvelles devinrent nécessaires.

On les eût trouvé ces institutions, si on se fût jeté dans le Gouvernement représentatif tel qu'il existe aujourd'hui. Oui, nous osons l'affirmer, si Louis XVI eût profité du vœu national et de l'autorité qu'il avoit reçue de ses pères; si, au lieu de convoquer les Etats-Généraux, il eût fait tout seul le bien qui étoit dans son cœur magnanime; si, renonçant aux vieux usages de la Monarchie sur la convocation des trois ordres, il eût commencé par détruire lui-même les antiques barrières qui les séparoient; si enfin, après cette réforme commandée par le vœu national, il eût, par des lois constitutionnelles, mis les intérêts de la France sous la garantie de deux Chambres législatives, qu'il eût périodiquement convoqué, la nation seroit tombée à ses pieds d'admiration et d'amour, les passions se seroient calmées, et le sein de la patrie n'eût pas été ensanglanté.

Mais par la convocation des Etats-Généraux, les institutions se trouvèrent en contradiction avec le vœu national et l'esprit de l'époque où les Français étoient arrivés. Des luttes en résultèrent, et ces luttes développèrent les germes de révolution que les écrits des philosophes avoient répandus.

Examinez-les ces Etats-Généraux. A peine ils sont convoqués, que le tiers-état sent qu'il n'est pas à sa place et cherche à s'agrandir. Il veut briser les chaînes qui lui sont imposées par les anciens usages de la Monarchie. Les pouvoirs ne sont pas encore vérifiés, et toutes les têtes fermentent, et tous les salons retentissent de discussions sur les votes par tête et par ordre. Mille brochures, mille pamphlets parcourent et la France et l'Europe. Les uns disent que l'assemblée doit voter par ordre; les autres que les votes du clergé, de la noblesse et du tiers-état, doivent être confondus. Ici l'on dit que le tiers-état n'est qu'une partie de la nation. Ailleurs on soutient qu'il est toute la nation; et l'abbé Sieyes imprime à la tête d'une brochure ces paroles remarquables : « Qu'est-ce que le tiers-état? tout. Qu'a-t-il été jusqu'à présent? rien. Que demande-t-il à être? quelque chose. »

Ici se présente une réflexion qui ne doit pas échapper. Avant la convocation des Etats-Généraux la nation demandoit à grands cris la réforme des abus, la réunion des intérêts, la destruction des priviléges. Tous les vœux, toutes les pensées, tous les désirs se dirigeoient vers cet unique but. Mais les principes destructeurs de l'ordre social n'étoient encore que des théories qui déparoient les belles productions de la philosophie moderne et alimentoient la conversation des beaux-esprits.

A peine, par la convocation des Etats-Généraux, la guerre est-elle allumée entre le tiers-état et les deux ordres de la noblesse et du clergé, que ces principes cessent d'être des théories. Le tiers-état s'en empare ; ils deviennent pour lui des armes dont il se sert pour s'agrandir. Déjà l'on attaque l'autorité royale, on en ébranle les fondemens, on la dépouille de la majesté qui l'environne, et on la livre à la haine et au mépris des peuples.

C'est à cette époque que le principe de la souveraineté nationale se répand dans la société, devient la base d'une politique nouvelle, et donne à l'opinion publique une fausse direction.

Sans doute ce principe existoit dans les livres, avant la convocation des Etats-Généraux; mais il n'étoit encore qu'une abstraction. La nation, loin de se livrer à des théories, s'occupoit tout entière de la réforme des abus, c'est-à-dire, de ce qui s'appliquoit immédiatement à ses intérêts positifs.

Un Etat peut être sauvé lorsque les faux principes, lorsque les idées subversives de l'ordre social ne sont encore que des abstractions de l'esprit. Mais, lorsqu'ils deviennent des instrumens de faction, lorsqu'ils sont employés d'une manière active et subordonnés à un plan de désorganisation, l'Etat est menacé d'une ruine prochaine, et les révolutions, comme des torrens impétueux, entraînent les peuples et les Rois.

Le principe de la souveraineté nationale est l'arme naturelle des factions. C'est une faux avec laquelle on renverse l'autorité royale pour lui substituer le pouvoir de quelques ambitieux. Les Protestans s'en servirent dans les guerres de religion, parce qu'ils avoient besoin d'affoiblir et d'annuller l'autorité royale; et ils ont eu l'honneur d'être réfutés par Bossuet.

L'idée d'une souveraineté nationale, distincte du Gouvernement, est une pure abstraction qui ne peut recevoir d'application ni chez les Anciens, ni chez les Modernes.

Chez les Anciens, le peuple avoit le pouvoir suprême; il sanctionnoit les lois, faisoit rendre compte de leur conduite aux magistrats nommés par lui, et la souveraineté n'étoit pas distincte du Gouvernement.

Mais chez les Modernes, que peut être une souveraineté nationale, indépendante du Gouvernement, et qui consiste dans la volonté générale? Que peut être cette volonté générale, lorsqu'on la considère en elle-même et abstraction faite des modifications qu'elle reçoit? Elle n'est autre chose qu'un mot auquel on a attaché une réalité.

Mais, reportons nos regards sur les Etats-Généraux. Le tiers-état renverse toutes les barrières, se constitue assemblée nationale, et met à ses pieds l'autorité royale à laquelle il laisse le titre mesquin de pouvoir exécutif. Bientôt les assemblées se succèdent et marchent d'attentats en attentats, de crim en crime, de désastre en désastre. Déjà les faux principes répandus par les philosophes modernes ont acquis toute leur intensité, et bientôt leur explosion a tout renversé.

Qu'on ne pense pas que ce soit l'embarras des finances, la corruption de la cour du Régent, l'immoralité des gens du monde qui aient amené la révolution. Ces causes existent chez d'autres peuples, et ne sont suivies d'aucune commotion politique. Sans doute la résistance des Parlemens à quelques édits qui furent dictés par la sagesse et commandés par la nécessité; sans doute leur attachement aux vieilles maximes de la Monarchie, leur opposition à toute innovation, à toute réforme, placèrent le Monarque dans une fausse position et augmentèrent les difficultés des circonstances. Mais toutes ces causes réunies sont extrêmement secondaires; et l'on peut les comparer à ces matières combustibles qui, sans allumer l'incendie, ajoutent à sa force et à sa rapidité lorsqu'il les rencontre dans son cours.

La seule cause déterminante de la révolution est la lutte provoquée par la convocation des Etats-Généraux. C'est elle qui a fait descendre les principes subversifs de l'ordre social, de ce monde imaginaire où les plaçoient les théories des Écrivains, pour les appliquer à la pratique, pour en faire des moyens de faction et des instrumens de désordre.

Voyez comme ils se combinent, comme ils se lient les uns aux autres. L'idée de la souveraineté du peuple fait naître l'idée de cette délégation de pouvoirs que l'on a appelée représentation nationale, et qu'il ne faut pas confondre avec le Gouvernement représentatif.

Tous nos maux résultent de la liaison de ces deux idées et de l'application que l'on en a faite. On a cru mettre en pratique le *Contrat social* de Jean-Jacques Rousseau, et l'on s'est grossièrement trompé. Rousseau a été plus conséquent que ses disciples. Il a pensé que la souveraineté consiste dans le pouvoir législatif, et il a donné ce pouvoir à la nation. Il a pensé en outre que l'idée de la souveraineté du peuple, ne peut se concilier avec celle d'une représentation nationale; que le souverain ne peut être représenté que par lui-même; que le peuple ne peut déléguer sa puissance législative, par la raison que les lois sont l'expression de la volonté générale, et qu'il n'est souverain qu'autant qu'il manifeste lui-même sa volonté.

Mais nos législateurs modernes ont été plus hardis. Ils ont reconnu que le peuple ne peut exercer lui-même le pouvoir législatif; et cependant ils ont déclaré qu'il étoit souverain. Ils en ont fait la source de tous les pouvoirs; et tout-à-coup par la représentation nationale, comme par un véritable enchantement, ils l'ont dépouillé de tous ses pouvoirs pour s'en revêtir eux-mêmes.

Ainsi réduit au silence, ou plutôt frappé de mort, le Souverain n'a été rien, et les représentans ont été tout. Il a fallu regarder l'expression de leur tyrannique volonté comme l'expression de la volonté générale. Nous sommes tombés dans les terribles mains d'un Gouvernement oligarchique, et l'Europe étonnée nous a vu arriver à tous les crimes en passant par toutes les folies.

Mais ne nous arrêtons pas sur le tableau de nos désastres. Terminons ici nos réflexions. Détournons nos regards du spectacle lamen-

table que nous offre le sang d'un Roi martyr.
Elevons-les plutôt vers les célestes demeures
où le fils de St.-Louis est monté pour apaiser le courroux de l'Eternel, et s'occuper
dans une autre vie du bonheur de ce peuple
qu'il aima sur le trône et qu'il aimoit encore
sur l'échafaud.

CHAPITRE VI.

*Des Avantages du Gouvernement représen-
tatif, tel qu'il est établi en France par la
Charte constitutionnelle.*

La France, tout ensanglantée par sa révolution, vient de se jeter dans le Gouvernement représentatif pour s'y reposer des
excès de l'anarchie et de ceux du despotisme.

Ce Gouvernement, qui doit cicatriser ses
plaies, est encore nouveau pour elle; elle
en connoît le mécanisme; mais elle ne sait
pas ce qui le fait mouvoir. Elle ignore les
effets qu'il doit produire, les habitudes nationales qu'il doit former, les moyens d'en assurer l'existence ; elle n'en connoît que le

matériel, elle en ignore la partie morale.

Le Gouvernement représentatif, tel qu'il est établi en France par la Charte constitutionnelle, ne ressemble ni à l'ancienne Monarchie, ni aux Gouvernemens qui se sont succédés pendant le cours de la révolution. Il ne ressemble au Gouvernement anglais que par son organisation, il en diffère beaucoup par son principe ; n'allons donc pas chercher des modèles chez nos voisins ; bornons-nous à étudier ce Gouvernement en lui-même : c'est le seul moyen de le connoître et de le faire mouvoir.

Nous allons le considérer d'abord dans ses rapports avec la morale publique. Ce point de vue est le plus important de tous, puisque la morale est la base de l'ordre social, et que sans elle les Gouvernemens ne peuvent exister. Nous l'examinerons ensuite sous le point de vue de l'influence de la classe éclairée ; et nous prouverons que, sous ce rapport, il l'emporte sur le Gouvernement anglais.

Considéré dans ses rapports avec la morale publique, le Gouvernement représentatif est le plus parfait de tous. Il assure à toutes les classes de la société les avantages qui dépendent de leur position ; et il leur accorde cette liberté sans laquelle elles ne peuvent développer leurs moyens d'existence, leurs facultés, leur industrie. Il repousse les prétentions exclusives qui menaceroient le bonheur de la nation, et détruit ainsi le germe de l'ambition et de la cupidité.

En effet, voulez-vous que les hommes soient modérés dans leurs désirs, libres d'ambition, exempts de cupidité? Voulez-vous que toutes les classes de la société, contentes de leur position, ne cherchent jamais à en sortir, et n'empiètent pas sur leurs avantages respectifs? faites que chacune d'elles puisse améliorer son existence, développer ses facultés, perfectionner son industrie. Pensez-vous que si une classe exclusive ferme à toutes les autres la carrière des richesses, et leur dérobe les faveurs du Gouvernement, elles ne chercheront pas à briser les barrières qui les retiennent dans les fers?

Voyez le spectacle qu'offre la société sous un Gouvernement absolu. L'intrigue s'agite autour du Monarque pour obtenir ses faveurs et ses graces; et bientôt l'on voit se former une classe exclusive qui tient les autres asservies. Alors, la société présente l'image d'une guerre intestine entre les diverses classes qui composent la nation. Mécontente de sa position, chacune d'elles cherche à en sortir. La haine, l'ambition, la cupidité arment les citoyens contre les citoyens. La jalousie est au fond des cœurs ; des vengeances s'y préparent : tout annonce un bouleversement ; tout est déplacé ; tout est ébranlé ; et l'édifice social, arraché de ses fondemens, tombe de ruine en ruine, et n'offre plus que des débris.

Que différent est l'aspect que présente le Gouvernement représentatif ! Appuyé sur les développemens de l'esprit humain, il laisse à la classe éclairée le soin de diriger son action. Loin d'accorder toutes les faveurs et toutes les graces à une classe exclusive, il étend sur chacune d'elles sa bienveillante protection, et leur distribue ses bienfaits avec égalité.

Alors tout prospère ; les classes de la société, occupées à améliorer leur position, ne trouvent plus de barrières qui s'opposent au développement de leurs facultés. L'agriculture, l'industrie, le commerce, se livrent à leurs spéculations. Eclairé par la connoissance des vrais principes de l'économie politique , le Gouvernement seconde leurs efforts par la liberté qu'il leur accorde. Il sait que tous les genres d'industrie se font mutuellement valoir; que, par conséquent, tous doivent être protégés; que plus il existe de produits à échanger, plus il existe de valeurs et de richesses.

Libres dans leurs opérations, les classes de la société s'intéressent à leur position, parce qu'elles peuvent y développer leurs facultés, y améliorer leur existence. Elles ne cherchent pas à en sortir, et n'ambitionnent point des avantages qui ne sont pas faits pour elles. Bientôt la cupidité fait place à la modération ; la jalousie s'éteint dans les cœurs; les haines s'apaisent; et la société offre une surface tranquille qu'aucun orage politique ne vient plus troubler.

Telle est l'influence du principe du Gouvernement représentatif; tels sont les heureux effets de la direction que la classe éclairée imprime à l'administration suprême.

Il en résulte des avantages inappréciables pour la morale et la Religion. En effet, pensez-vous que la Religion ne se fera pas entendre plus facilement au cœur des hommes lorsque les classes de la société , renfermées dans les bornes qui leur sont prescrites, fermeront l'oreille à la voix de l'ambition et de la cupidité? Lorsque occupées d'améliorer leur position, elles n'empiéteront plus sur leurs avantages respectifs? Lorsque la jalousie et la haine n'armeront plus les citoyens contre les citoyens?

Sans doute la morale est indépendante du principe et de la forme des Gouvernemens. Sans doute la Religion qui lui sert d'appui est au-dessus des institutions humaines, et n'a besoin, pour se soutenir, que du bras de la Divinité dont elle est l'ouvrage. Mais la forme et le principe du Gouvernement doivent concourir avec elle à la félicité des peuples, et favoriser son influence en étouffant les passions qui cherchent à l'anéantir.

Or, c'est ce que fait le Gouvernement représentatif: il est donc favorable à la Religion, puisqu'il lui prépare un libre accès dans les cœurs.

Observez les rapports du Gouvernement représentatif et du Christianisme, et vous verrez qu'ils sont inséparables l'un de l'autre. En effet, le Gouvernement représentatif, appuyé sur le progrès des lumières et les développemens de l'esprit humain, accorde à toutes les classes de la société une égale protection, repousse les prétentions exclusives, et fait régner entre elles la paix, la concorde et l'harmonie : et d'un autre côté le Christianisme prêche l'union, la bienfaisance et la charité. Il amollit le cœur du riche, console celui du pauvre, rapproche les hommes entre eux, les comprend tous dans une grande famille où il ne montre que des frères, éteint l'ambition et la cupidité, repousse les prétentions de la vanité, écrase l'orgueil humain, et fait voir dans les cieux une providence attentive à récompenser le juste, à punir le méchant, et sur-tout à pardonner.

Les maximes du Christianisme sont donc en harmonie avec les résultats d'un Gouvernement représentatif. Cette Religion divine n'est donc pas, comme l'ont dit ses ennemis, la religion des simples et des ignorans. Elle s'accorde avec le progrès des lumières; elle est faite pour la civilisation.

Qui de nous oseroit la repousser cette Religion sainte, dont Dieu lui-même est l'auteur? Elle seule peut imprimer à notre Gouvernement le sceau de son immortalité. Elle seule peut nous donner l'amour des lois, faire taire les vanités, apaiser les haines, rallier les partis, éteindre les divisions.

Ah! si, après tous les fléaux qui ont désolé notre patrie, nous osions encore rejeter la Religion de nos pères, quel funeste avenir nous préparerions à la France! Comment nous présenterions-nous devant l'inexorable postérité? N'auroit-elle pas le droit de nous accuser? N'auroit-elle pas le droit de nous infliger un éternel déshonneur? N'auroit-elle pas enfin le droit de nous dire : « Insensés que vous êtes! vous vous enorgueillissez de vos lumières; et vous repoussez une Religion qui a triomphé des ténèbres de l'ignorance, des erreurs des passions humaines, et civilisé le genre humain. Vous voulez la liberté, et vous repoussez une Religion qui met la conscience au-dessus de tous les pouvoirs. Vous voulez être égaux devant la loi, et vous repoussez une Religion qui prêche toujours l'égalité. Nous aimons les lois, dites-vous, nous tenons à l'ordre, nous détestons l'anarchie. J'entends, vous voulez des choses contradictoires. Oh! que votre aveuglement est profond! Combien votre égoïsme vous abuse! Vous voulez de l'ordre dans la société, et du désordre dans votre vie. Vous voulez tous les avantages de la morale et tous les plaisirs de la licence. »

L'expérience nous l'atteste; les peuples qui secouent le joug de la Religion tombent dans le despotisme, et cela doit être ainsi. Lorsque la force réprimante n'est plus dans les consciences, elle est tout entière dans le bras du Prince. Bientôt l'idée du juste et de l'injuste s'efface, tous les devoirs s'affoiblissent; et de même qu'une force aveugle gouverne l'Univers des athées, on voit la force s'élever sur les ruines de la morale, et gouverner les royaumes où le vrai Dieu n'a plus d'autels.

Eh! n'avons-nous pas encore devant les yeux cette république sans Dieu, qui plongea la France dans un esclavage sanglant? sont-ils effacés de notre mémoire ces temps affreux du despotisme, où la conscience se taisoit à la voix de notre tyran? où nos premiers devoirs n'étoient plus envers Dieu, mais envers lui? où des satellites titrés, prosternés à ses pieds comme de vils esclaves, s'enorgueillissoient de leur honte? Sainte Religion, vous nous apprenez à respecter les Rois de la terre et à les honorer; mais vous mettez au-dessus de leurs commandemens les lois de la conscience et les ordres du Très-Haut.

Rallions-nous donc à la Religion de nos pères, qui seule peut élever nos ames à cette hauteur, d'où le despotisme ne peut les faire descendre. N'oublions jamais que sans elle les garanties constitutionnelles ne sont qu'une barrière illusoire ; qu'elle seule peut soutenir notre liberté, parce qu'elle seule étouffe les passions qui la détruisent ; qu'elle seule peut affermir nos droits, parce qu'elle seule nous inspire l'amour de nos devoirs.

Ainsi, le Christianisme et le Gouvernement représentatif, se prêtent un mutuel appui, sont inséparables l'un de l'autre ; et l'un des plus heureux résultats de notre Charte constitutionnelle, sera de donner à toutes les classes de la société cet esprit de modération si favorable à la Religion, et qui les empêche de sortir des limites que leur a tracées la nature.

Cet esprit de modération est une suite du Gouvernement représentatif, et la France ne tardera pas à en ressentir les salutaires effets.

En effet, lorsque ses plaies seront cicatrisées, les tributs qui pèsent sur elle entièrement acquittés, ses longues souffrances calmées, le principe de son Gouvernement se montrera dans toute sa force, et produira les plus heureux résultats.

Quels seront-ils ces résultats? Transportez-vous dans l'avenir, et vous verrez le commerce s'animer, l'industrie prendre une nouvelle force, la propriété foncière recevoir une nouvelle vie.

Tout dans l'état social se rapporte à la propriété foncière; elle est le lien qui enchaîne les citoyens à la patrie, elle est la base de l'ordre politique, et c'est sur elle que reposent les intérêts nationaux.

Mais il est nécessaire d'en connoître le principe; et tous les maux de la société naissent de ce qu'il est méconnu.

Il ne suffit pas, en effet, de respecter cette propriété foncière. Il faut l'étudier dans ses rapports avec les autres genres de propriété. Il faut se convaincre de cette importante vérité: que tous les genres de propriété se font mutuellement valoir; que plus les manufactures et le commerce sont florissans, plus il existe pour la propriété foncière de moyens d'échange et de sources de richesses; que plus il existe de produits, plus il existe de valeurs dans la société.

Mais cette importante vérité, source de la richesse publique, est presque toujours mé_connue dans la pratique. Quelle en est la raison? La voici :

Les Gouvernemens éloignent en général la classe des propriétaires de la direction de leurs propriétés, l'appellent dans les cours, excitent son ambition en l'accablant de dignités, et l'empêchent de connoître les vrais principes des choses, les véritables sources de la prospérité publique.

Qu'en résulte-t-il? que cette classe devient exclusive, qu'elle s'empare de tous les avantages de la société, qu'elle entrave les opérations du commerce et de l'industrie, par les priviléges qu'elle s'arroge.

Alors, les intérêts nationaux n'existent plus. Au sein de la capitale, le propriétaire ne daigne plus jeter un regard sur les provinces. L'intrigue et l'ambition dirigent toutes ses démarches; pourvu qu'il touche la rente que ses fermiers lui font passer, il s'informe peu des principes d'économie politique qui peuvent influer sur la richesse des nations. Bientôt on le voit, courtisan habile, caresser les passions des Ministres, capter leur bienveillance, arracher leurs faveurs et faire dominer les faux systèmes qu'ils ont adoptés.

Si, au lieu de ramper dans les Cours, les propriétaires restoient au milieu de leurs propriétés; si, au lieu de s'engloutir dans la capitale au sein des plaisirs, de l'opulence et des raffinemens du luxe, ils vivoient dans le manoir de leurs pères; si, au lieu de mendier à la table des grands, la faveur et le mépris, ils demeuroient dans les provinces et dirigeoient eux-mêmes leurs affaires, que d'avantages en résulteroient pour la société!

On ne les verroit plus s'attacher uniquement au signe de la richesse, au métal qu'ils reçoivent de leurs fermiers. Ils apprendroient à connoître ce qui est la source de la fortune publique, ce qui fait la prospérité des Etats. Ils sauroient que les priviléges onéreux au commerce et à l'industrie empêchent la création d'un grand nombre de produits qui leur offriroient des moyens d'échange et augmenteroient leurs richesses. On ne les verroit plus favoriser les faux systèmes des Ministres, et ces systèmes tomberoient, faute d'appui. Alors les vrais principes de la politique se répandroient dans la société; les hommes éclairés n'auroient plus besoin de se jeter dans des théories imaginaires; ils n'auroient qu'à regarder autour d'eux, qu'à examiner ce qui se passe, qu'à lier entre eux des faits existans; et l'édifice des sciences morales et politiques, appuyé sur un fondement réel, ne pourroit plus être renversé.

De ces avantages naîtroient d'autres avantages. L'opinion publique s'épureroit, les habitudes nationales se dirigeroient vers le but de la félicité générale; tout prendroit une face nouvelle.

On parle sans cesse de l'opinion publique, et l'on ignore comment elle se forme. Croit-on, qu'elle puisse se former, qu'elle puisse s'épurer, tant que les propriétaires, dont les intérêts sont si intimément liés à l'intérêt général, iront porter à Paris leur luxe effréné, et rapporteront dans les provinces, l'amour du vice, la haine de la vertu?

Non; ce n'est pas dans Paris qu'habite l'opinion publique. Comment cela pourroit-il être? elle n'est autre chose qu'un jugement public sur ce qui constitue les intérêts nationaux. Or, est-ce dans Paris que les intérêts nationaux sont concentrés? non, sans doute; ils y sont, au contraire, étouffés par la voix des passions, anéantis par l'égoïsme, la cupidité, l'orgueil. Loin d'être ainsi concentrés dans les murs de la capitale ils existent dans la nation, dans les provinces, dans tous les lieux ; et l'opinion publique, qui doit être fondée sur ces intéréts, s'élève de toutes les parties du royaume et porte sa voix à l'oreille du Monarque. C'est alors qu'appuyée sur des connoissances réelles, elle se transforme en raison publique ; c'est alors qu'elle devient une puissance dans l'Etat.

Mais sous la monarchie absolue elle ne peut se faire entendre. Sous cette forme de Gouvernement, toutes les places, tous les honneurs sont dans la main du Monarque ; et les riches propriétaires abandonnent le lieu qui les a vu naître, pour aller dans la capitale, solliciter la faveur des grands, caresser leurs passions, et sacrifier à l'amour des richesses et des dignités les intérêts de la nation.

Il en est de même sous le Gouvernement populaire ; tout y est dans les mains d'un Souverain capricieux, frivole, ignorant, que l'on appelle le peuple. On le voit au sein de la capitale, au milieu des assemblées générales, distribuer la faveur et les dignités à des favoris qui le flattent, le subjuguent, le corrompent. Tout est concentré dans la capitale ; tout est sacrifié aux intérêts de quelques ambitieux, aux passions de quelques orateurs ; et les deux Gouvernemens les plus opposés (je veux parler de la monarchie absolue et de la démocratie), ont les mêmes résultats et se rencontrent dans les extrémités qui semblent le plus les éloigner l'un de l'autre.

Mais sous le Gouvernement représentatif il n'en est pas ainsi. Toutes les sources de l'honneur ne sont pas à la Cour, ne dépendent pas du Monarque. La carrière de la législature est ouverte au talent et à la vertu, et du haut de la tribune publique la voix de la patrie et de la vérité se fait entendre aux nations.

Les fonctions législatives deviennent donc alors un objet d'émulation pour les riches propriétaires. Mais est-ce en demeurant dans la capitale qu'ils peuvent les obtenir ? Non, sans doute ; il faut qu'ils restent sur leurs foyers, au sein de la province, au milieu de leurs parens et de leurs amis. Obligés d'habiter loin de la capitale pour fixer les regards des électeurs, pour mériter leur estime et leur confiance ; ils s'accoutument à diriger eux-mêmes leurs affaires, à observer les rapports de la propriété foncière avec les autres genres de propriété ; à examiner les sources de la richesse et de la prospérité des Etats ; et par là, ils acquièrent la connoissance des principes de l'économie politique, la plus utile des sciences comme la plus féconde en résultats.

Bientôt accoutumés à se voir et à s'observer tous les jours, ils apprennent à se connoître et à s'apprécier ; et comme les fonctions législatives ont pour unique but de garantir des intérêts positifs, ils finissent par n'estimer que les qualités solides, les talens réels, les connoissances positives. Alors s'évanouissent le goût pernicieux des frivolités, et les préjugés de la grandeur qui n'est pas fondée sur le mérite personnel.

Mais que d'avantages résultent encore de l'obligation où sont les propriétaires de rester en province ! Ce n'est plus ici cette vaste solitude d'hommes que nous présente Paris, et à la faveur de laquelle on vit dans l'ignominie sans craindre le déshonneur. Les hommes se voient, s'observent, se jugent. L'opinion poursuit le vice, qui, réduit à se cacher dans l'ombre, n'ose étaler ni sa honteuse turpitude, ni ses dehors brillans. Oh ! combien le Gouvernement représentatif est favorable

à la vertu ! En attachant le propriétaire au
sol qui l'a vu naître, il attache le cœur à la
famille ; et l'on ne voit plus dans la société
cette turbulente inquiétude qui porte les
hommes à des entreprises aventureuses, qui
les attache au char glissant de la fortune ,
leur fait perdre la simplicité des habitudes ,
et le respect de leurs ancêtres. L'homme vit
chez lui , dans le manoir de ses pères , au
milieu de ses proches , de ses amis et de ses
compatriotes.

Quel spectacle différent nous offre Paris !
L'homme y vit au sein d'un tableau mouvant
qui fait passer sous ses yeux mille person-
nages divers , qui , dans la rapidité de son
mouvement, empêche les amitiés de se former , les liens de s'affermir , qui place le cœur
dans mille positions fugitives , et finit par lui
donner cette funeste indifférence des hommes et des choses qui le rend léger et dur ,
égoïste et frivole.

Éloigné des réalités , il vit au milieu d'un
monde factice où les sentimens ne sont plus
ceux de la nature , où il finit par perdre l'a-
mour du vrai , la connoissance des choses
positives.

Otez donc à Paris ce funeste ascendant

sur les provinces, qui depuis tant d'années opprime la nation; qui livre les destinées de l'Etat à l'intrigue et à l'ambition. Voulez-vous qu'une troupe d'aventuriers règle à jamais le sort du royaume? Hélas! depuis que les influences provinciales n'existent plus, depuis que les riches propriétaires et que les hommes éclairés vont porter à Paris leurs richesses et leurs lumières, la troupe des aventuriers fait seule entendre son vœu corrompu, comprime celui de la nation, et trompe l'Europe sur la réalité de nos sentimens. Voyez comme cette troupe funeste se livre à tous les écarts d'une imagination coupable, et s'abandonne à tous les rêves de la cupidité: voyez comme elle favorise tous les projets de révolte, comme elle caresse tous les changemens de dynastie.

Mais que les propriétaires restent sur leurs foyers, et ces horribles abus vont disparaître. Du milieu des provinces s'élèvera un vœu sage et éclairé, qui, à son tour, comprimera le vœu corrompu des aventuriers; qui, fondé sur les intérêts positifs de toutes les classes de la société, formera la voix de la nation; qui repoussera tous les projets de révolte, tous les changemens de dynastie, parce que

ces projets et ces changemens compromet-
tent les intérêts nationaux et ne sont favorables qu'aux aventuriers.

La classe éclairée ne sera plus renfermée
dans les murs de la capitale, où long-temps on
l'a vue, faute de connoître ce qui se passe, se
livrer à des théories imaginaires. Répandue
dans les provinces elle se trouvera au milieu
des réalités. Ses observations seront basées
sur des faits, les écarts de son imagination
remplacés par le bon sens, si nécessaire dans
les affaires publiques, et qui doit diriger les
travaux des Chambres législatives.

Oh! si avant la révolution, la Cour, par son
attraction funeste, n'avoit pas attiré dans
Versailles et dans Paris, les grands propriétaires et les hommes les plus éclairés, la
France eût-elle été le jouet et la victime des
intrigans et des ambitieux? Qu'on se hâte
donc de rendre aux provinces le salutaire
ascendant qu'elles ont perdu; qu'on sache
que l'opinion publique n'a pas le siége de son
empire dans Paris; que fondée sur les intérêts nationaux, elle habite dans la nation;
qu'elle est dans toutes les villes, dans tous les
hameaux, qu'elle est par-tout. Qu'on sache
enfin que si les provinces sont abandonnées,

elles seront sans influence; qu'elles seront livrées à ces demi-savans qui sont le fléau des campagnes, qui trompent le peuple, se jouent de sa crédulité, de son ignorance, et semblent liés avec les aventuriers de la capitale pour comprimer le vœu des hommes éclairés.

Voilà la grande plaie de la nation, et le Gouvernement représentatif, en forçant les riches propriétaires à vivre dans leurs terres, peut seul la cicatriser.

C'est dans la classe des propriétaires que se trouvent en général les hommes éclairés. C'est là, que l'on jouit de l'indépendance nécessaire pour se livrer aux travaux de l'esprit, pour réfléchir sur ce qui se passe autour de nous, pour en observer les causes.

Le Gouvernement représentatif, en favorisant la propriété, donne aux lumières un tutélaire appui. Par le système électoral et les conditions d'éligibilité, il unit la grande propriété avec la propriété moyenne; il les confond dans un seul intérêt; il ôte ces différences de classes qui donnent aux hommes des intérêts différens, qui font naître des préjugés et des haines.

La loi sur les élections produira en France

d'heureux effets. Les capitaux déversés sur les
fonds de terre ne serviront plus à entretenir
ce hideux agiotage qui corrompt le caractère
national, qui donne aux hommes l'indifférence des institutions politiques, le mépris
de la morale, l'amour d'un vil métal. Les
propriétaires électeurs, accoutumés à se
réunir avec les propriétaires éligibles, senti-
ront le prix des lumières, la nécessité des
connoissances positives. Ils inspireront à
leurs enfans une favorable émulation, et les
feront jouir des bienfaits d'une éducation so-
lide, afin qu'un jonr ils puissent aspirer aux
honneurs de la tribune.

Ainsi, l'on verra la classe intermédiaire
s'accroître, les lumières se répandre dans la
société. Les hommes éclairés n'iront plus
s'enfermer dans les murs de Paris et se perdre
dans le tourbillon du monde. Les provinces,
habitées par les riches propriétaires, offri-
ront un séjour que le talent et le goût ne dé-
daigneront plus. Telle est la partie morale
du Gouvernement représentatif. Telles sont
les habitudes nationales qu'il doit former, les
résultats qu'il doit opérer. Ce n'est pas ici
une utopie que je présente à mes lecteurs;
ce sont les effets d'une cause existante.

Mais il est temps d'examiner si notre Gouvernement représentatif offre les mêmes avantages que le Gouvernement anglais présente sans cesse à notre imitation.

S'il est vrai, comme je crois l'avoir prouvé, que le Gouvernement représentatif repose sur la classe éclairée ; s'il est vrai qu'il ait pour mobile la raison publique, ou peut affirmer que le Gouvernement anglais est, sous ce point de vue, très-inférieur à notre nouveau Gouvernement.

En effet, ce qui caractérise la nation française, c'est que la classe éclairée y exerce une influence salutaire qui dissipe les préjugés les plus invétérés, qui détruit les habitudes les plus funestes (1). Qu'on ne se plaigne pas de cette influence. Tant qu'on abandonnera à elle-même la classe éclairée ; tant que les Ministres ne mettront pas leur opinion personnelle à la place de la raison publique qui doit leur servir de mobile ; tant que la liberté de la presse, sans laquelle le

____

(1) La révolution a affoibli cette influence, parce qu'elle a mis en jeu les passions populaires. Sous la forme de Gouvernement que notre Roi nous a donné, les hommes éclairés reprendront l'ascendant qu'ils avoient perdu.

Gouvernement représentatif n'existe que sur le papier, sera dégagée des entraves de la censure, cette influence sera comme une douce lumière, qui, après une épaisse nuit, vient dissiper les ténèbres, et porter dans la société cet esprit de vie qui l'anime, la féconde et la perpétue.

Eh! n'avons-nous pas vu avant la révolution la classe éclairée rapprocher entre elles les autres classes, détruire les barrières qui les séparoient? Certes, si on se fût livré à l'impulsion qu'elle avoit donnée; si, au lieu de favoriser la lutte des passions par la convocation des Etats-Généraux, on eût mis les institutions en harmonie avec les idées acquises, l'incendie révolutionnaire n'eût pas désolé la France, et nous eussions joui du progrès de nos lumières et de notre civilisation.

On parle sans cesse du danger des innovations; mais on ne fait pas attention que si du temps de Charlemagne, que si dans le moyen âge ou eût professé la même doctrine, la France, plongée dans les ténèbres de l'ignorance, ne seroit pour les autres peuples qu'un objet de mépris et de pitié.

Sans doute les innovations ont leurs dangers ; mais ces dangers naissent des passions, et ces passions à leur tour ont leur source dans le conflit des institutions et des idées acquises. Laissez donc les idées se former, l'esprit humain s'avancer de progrès en progrès jusqu'à ce qu'il arrive à ce complément des connoissances humaines qui seul peut le satisfaire ; et puis si les institutions existantes ne sont pas d'accord avec les nouvelles idées, donnez à l'édifice politique une forme qui puisse s'accorder avec elles. Telle est la marche de la sagesse, et, je dirai plus, celle de la nécessité.

Mais pourquoi la classe éclairée n'a-t-elle pas en Angleterre la même influence qu'en France ?

La raison de cette différence se trouve dans l'histoire des deux peuples, dans la position particulière où chacun d'eux fut placé.

En France, les classes furent séparées les unes des autres, les rangs furent distingués, la noblesse ne se confondit pas avec le peuple. Il en résulta de la dignité dans les mœurs et dans les manières ; et lorsque la classe éclairée eut dissipé les préjugés de chaque ordre, et renversé les barrières qui empê-

choient les diverses classes de la société de
généraliser leurs intérêts pour en former des
intérêts communs, la marche des lumières
ne fut point troublée par le funeste ascendant de la classe populaire.

Il n'en fut pas de même en Angleterre :
on ne vit pas, comme en France, la noblesse
se rendre indépendante du Monarque, et se
séparer du peuple par des priviléges onéreux
à la nation. Guillaume-le-Conquérant confondit toutes les classes dans une oppression
commune, et soumit non-seulement le peuple, mais encore les seigneurs, à toutes les
horreurs du régime féodal.

Opprimés par le Souverain, les seigneurs
firent cause commune avec le peuple, qui
prit une part active à tous les mouvemens
politiques, et marcha l'égal des nobles et des
grands.

Que résulta-t-il de cette confusion de
classes ? Que la classe du peuple acquit une
influence funeste qui entretint des préjugés
nationaux, et empêcha la classe éclairée de
devenir dominante.

Les faits confirment cette vérité. De
grandes lumières sont répandues en Angleterre ; les esprits y sont cultivés, les sciences

honorées, les beaux-arts y fleurissent; mais les hommes éclairés n'ont aucun ascendant sur les passions populaires.

Aussi, nul peuple ne présenta jamais de contrastes plus singuliers, un mélange plus bizarre d'institutions sublimes et de préjugés absurdes et barbares, et n'offrit, comme lui, le double spectacle d'une nation civilisée et d'une horde sauvage.

Chose étonnante! ces institutions sublimes et ces préjugés barbares naissent de la même cause; les uns et les autres sont produits par la confusion des classes de la société, qui résulta du despotisme de Guillaume et de ses successeurs.

Unis par des efforts communs contre l'oppression des Monarques, les seigneurs et le peuple conquirent cette liberté pratique qui distingue la nation, et obtinrent ces garanties pour la sûreté personnelle, qui sont le chef-d'œuvre de la constitution anglaise. Il n'en fut pas comme chez les autres nations, où les hommes puissans stipulent pour leurs intérêts particuliers qu'ils séparent de ceux du peuple. En Angleterre, le peuple stipula pour lui; et les seigneurs, obligés de le ménager pour s'en faire un appui, eurent pour lui ces égards dont on voit tant de traces dans les lois anglaises. De là sont nés ce respect pour la liberté individuelle, ces ménagemens, ces délicatesses de la loi qui comprennent le pauvre et le riche, le grand et le petit sous la même protection.

Cette partie de la législation anglaise est au-dessus de tous les éloges. Mais il est des personnes qui, non contentes d'admirer chez les Anglais ce qui est vraiment digne d'admiration, croient les honorer beaucoup en vantant leur mépris pour les innovations, leur attachement à leurs préjugés. Elles ne font pas attention que s'ils ne détruisent pas leurs préjugés, c'est qu'ils ne peuvent pas les détruire, c'est que les hommes éclairés y sont sans influence, que leur voix est étouffée par celle de la populace qui, accoutumée depuis plusieurs siècles à marcher à côté des grands, entretient des préjugés populaires que le temps et les lumières ne pourront jamais anéantir.

Voyez comme de cette confusion des classes de la société est née une confusion de mœurs qui fait descendre les hommes distingués par leur rang, leur naissance et leurs lumières, jusqu'aux habitudes du peuple, qui leur ôte cette dignité, ce tact des convenances qu'ont produit en France la distinction des rangs et l'influence de la classe éclairée, qui donne à la populace un orgueil insultant, et au Gouvernement une politique dictée par des préjugés nationaux (1).

Ce peuple si agité, ce peuple que l'on a comparé aux flots de l'Océan qui l'environne, offre dans ses usages et dans ses mœurs l'immutabilité des Chinois. Il ne change, il n'améliore rien, il ne perfectionne rien. Ce qu'il a fait il y a trois cents ans, il le fait encore aujourd'hui. Que d'usages dégoûtans, que d'abus, que de préjugés absurdes ne nous présente-t-il pas !

En Angleterre, tout reste à sa place ; le mal comme le bien. Les lumières n'y déplacent rien : tout y demeure immobile au milieu d'une agitation apparente. Les partis y sont aujourd'hui ce qu'ils étoient hier et ce qu'ils seront encore demain. Les hommes

---

(1) La littérature anglaise se ressent de la confusion de mœurs que nous remarquons. Le tact des convenances et la dignité du ton ne sont pas ce qui caractérise les écrivains anglais. Leur *humour* n'est autre chose qu'une grosse bouffonnerie ; et leur théâtre est plein de ces traits qui charment la populace.

sont *Tories*, *Whigts*, réformateurs. Chacun a sa place qui lui est assignée, sa case particulière, chacun conserve ses préjugés, ses opinions personnelles; et les lumières ne détruisent aucune erreur, aucun abus, ne rapprochent aucun parti. Aussi tout peut facilement être calculé d'avance. Le ministère compte sur un nombre de voix qu'il a d'avance calculé; il s'attend à telle ou telle résistance, il a compté sur ses doigts le nombre des opposans, il sait de combien la majorité doit excéder la minorité; et dans l'attente d'un succès certain, il rit de toutes les clameurs et de tous les pamphlets.

Que l'on se garde bien en France de suivre un tel système de Gouvernement. Les influences ministérielles seroient peu sûres pour les Ministres, et ils ne pourroient, comme en Angleterre, calculer d'avance le nombre de leurs créatures. Les lumières y déplacent tout. La classe éclairée y rapproche les opinions, y ramène tout à des principes certains, y forme un jugement public que l'on n'ose pas mépriser. Vainement le ministère se reposeroit sur des engagemens et sur des promesses. Dès que l'opinion publique

auroit prononcé , les engagemens se dé-
truiroient et les promesses s'évanouiroient.

En Angleterre, il n'existe pas de jugement
public (1); la raison publique y est inconnue, parce que la classe éclairée y est sans
influence. Aussi, le Gouvernement représentatif n'y repose pas sur les vrais principes;
tout y est subordonné à des préjugés populaires, qui tyrannisent et la nation et le Gou-

---

(1) On croit que le peuple anglais a beaucoup de lumières
en politique , parce qu'en Angleterre le cordonnier, le
tailleur et le menuisier s'occupent des affaires publiques,
et en font l'objet continuel de leurs conversations. Mais
on ne fait pas attention que c'est parce que les hommes
du peuple s'occupent des affaires publiques, que les
hommes éclairés ne peuvent faire dominer leur opinion.
Cette opinion est affoiblie par les passions populaires,
et les vrais principes de législation cèdent à des préjugés nationaux que le peuple soutient et défend contre
les efforts des bons esprits.

On vante aussi l'esprit public de ce peuple ; mais son
attachement au Gouvernement et aux lois du pays , est
une suite de la position où il est placé. Par l'effet de sa
dette toujours croissante, le Gouvernement tient sous
sa main un grand nombre de fortunes particulières qui
se trouvent liées à la fortune publique , et l'esprit public qui en résulte naît de l'excès même des abus.

vernement. En vain, quelques bons esprits s'élèvent contre les abus, font connoître les intérêts nationaux, les véritables besoins de la société. La voix de la raison n'est pas écoutée, et la liberté de la presse est sans résultats. Semblable à la populace qui se plaint sans cesse, et ne corrige jamais rien, le peuple anglais crie à chaque instant contre les abus, et les abus existent toujours. Aucun peuple n'en eut jamais un si grand nombre. Son système d'économie politique, fondé sur une dette toujours croissante, ne peut se soutenir qu'avec le monopole de l'Univers ; et ses fautes multipliées l'ont mis dans une position forcée, dont il lui sera difficile de sortir (1).

En France, le Gouvernement représentatif est beaucoup plus en harmonie avec son principe, que ne l'est le Gouvernement anglais. La classe éclairée y dirige son action ; la raison publique lui sert de mobile. C'est elle qui indique les réformes ; qui fait cou-

____

(1) Voyez l'excellent ouvrage de M. Say, intitulé : *De l'Angleterre et des Anglais.* Personne n'a mieux que lui apprécié la position des Anglais.

noître les abus; qui montre les motifs des lois. Que les Ministres la prennent toujours pour guide, et ils ne s'égareront pas. Qu'ils sachent que la liberté de la presse peut seule la leur dévoiler; que sans cette liberté ils marcheront comme des aveugles au milieu des passions, des préjugés et des intérêts particuliers des classes de la société, et tomberont d'écueil en écueil, d'abîme en abîme. Qu'ils laissent au Gouvernement anglais ce système d'influences ministérielles qui peut réussir chez un peuple où la classe éclairée n'est pas dominante, mais qui ne réussira jamais chez les Français.

Cessons, cessons d'imiter nos voisins. N'allons pas chercher des exemples chez une nation qui ne peut nous en offrir que de propres à nous égarer, parce que ses mœurs sont en contradiction avec les nôtres. Ne déshonorons pas notre caractère par une servile imitation. Ne rougissons pas d'être nous-mêmes, d'être Français. Ne nous écartons jamais du principe qui sert de mobile à notre nouveau Gouvernement; et bientôt les partis se rapprocheront, les haines s'apaiseront, les opinions perdront ce qu'elles ont d'exa-

géré, et se rallieront autour de la loi fondamentale que notre Roi nous a donnée, de ce
pacte constitutionnel qui, unissant le Monarque au peuple et le peuple au Monarque,
devient par cette union sacrée un véritable
pacte d'amour,

FIN.

TABLE DES MATIÈRES.

PREMIÈRE PARTIE.

Exposition des Principes généraux.

SECONDE PARTIE.

Application des Principes généraux aux points les plus importans du droit politique, aux institutions et aux Gouvernemens des Peuples anciens et modernes.

FIN DE LA TABLE.

www.ingramcontent.com/pod-product-compliance
Ingram Content Group UK Ltd.
Pitfield, Milton Keynes, MK11 3LW, UK
UKHW021210140726
13695UKWH00002B/450